Divorce Manca de Vallombrosa - Pichon

MORALITÉ

ET

SITUATION FINANCIÈRE

DE

Louis PICHON, dit Baron PICHON

Extrait de Naissance de Louis PICHON, dit Baron PICHON

VILLE DE COULOMMIERS

Extrait du Registre des Actes de naissance pour l'année 1873

L'an mil huit cent soixante-treize, le mercredi vingt août, dix heures du matin, devant nous, Alexandre-Ludovic de Maussion, chevalier de la Légion d'honneur, maire et officier de l'état-civil de la ville de Coulommiers, chef-lieu d'arrondissement, département de Seine-et-Marne, a comparu Jean-Séverin-Etienne PICHON, sous-préfet de l'arrondissement de Coulommiers, âgé de vingt-sept ans, demeurant en cette ville, rue de la Sous-Préfecture, lequel nous a présenté un enfant du sexe masculin, né le lundi dix-huit de ce mois, à onze heures et demie du matin, en sa demeure susindiquée, de son légitime mariage avec Marie-Geneviève-Philomène-Béatrix de Cassaigne de Beaufort de Miramon, sans profession, âgée de vingt-quatre ans, auquel enfant il a déclaré donner les prénoms de Marie-Joseph-Louis-Henri-André.

Les dites présentations et déclarations nous ont été faites en présence de Paul-Louis-Marie Flandrin, procureur de la République, âgé de trente-deux ans et Eugène Delamarre, propriétaire, âgé de soixante-treize ans, tous deux témoins majeurs domiciliés en cette ville.

De quoi nous avons dressé le présent acte que le déclarant et les témoins ont signé avec nous après lecture faite.

Suivent les signatures.

I

Louis PICHON

Avant son Mariage

(Novembre 1905)

Jugement nommant un Conseil Judiciaire à Louis PICHON

PREMIÈRE CHAMBRE

22 Juin 1895

Attendu que Louis Pichon, alors qu'il était encore mineur, a acheté moyennant un prix de 160,000 francs, un château en ruines, situé dans la Haute-Loire ; **qu'il était et qu'il est encore dans l'impossibilité de payer le prix de cette acquisition,** qu il a ratifiée à l'époque de sa majorité ;

Que, se trouvant depuis sous les drapeaux, il s'est livré à des dépenses hors de toute proportion avec ses propres ressources ;

Qu'avant son départ pour l'Algérie, où il se trouve actuellement, il a contracté à Lyon, en l'espace de dix-huit mois, pour plus de 36,000 francs de dettes ;

Qu'il a souscrit, en outre, à son cantinier, plusieurs effets s'élevant ensemble à 8.700 francs environ ;

Attendu que le Conseil de famille réuni sous la présidence du Juge de paix du 9e arrondissement de Paris, a été d'avis unanime de recourir à la mesure sollicitée ;

Attendu que cité à comparaître en la Chambre du Conseil pour y subir l'interrogatoire prescrit par la loi, Louis Pichon ne s'est pas présenté ;

Attendu que dans ces conditions il y a lieu de le protéger

contre ses propres entraînements en le plaçant dans les liens d'un Conseil judiciaire ;

Attendu, au surplus, qu'il a reconnu lui-même la nécessité de cette mesure et qu'il déclare s'en rapporter à justice.

PAR CES MOTIFS,

Donne acte au défendeur de ce qu'il déclare s'en rapporter à justice ;

Dit que Marie-Joseph-Louis-Henri-André Pichon ne pourra désormais plaider, transiger, emprunter, recevoir un capital mobilier et en donner décharge, aliéner ni grever ses biens d'hypothèques sans l'assistance de Ragot, notaire à Paris, que le Tribunal lui nomme pour Conseil judiciaire.

Et condamne le dit sieur Louis Pichon aux dépens.

Le sieur Pichon à M. de Troismonts.

Au Soudan 1899-1900.

MARÉCHAL DES LOGIS CHEF TROISMONTS,

Peux-tu me prêter 20 francs, je sais que tu es riche et que tu as touché beaucoup de galette.

A toi,

P. (PICHON.)

Projet d'acte à signer pour le renouvellement en 1907 de l'emprunt contracté en 1902 par le sieur Pichon envers son ami M. de Ferry.

Entre les soussignés :

M. de Ferry,

D'une part ;

Et M. le Baron Louis Pichon

D'autre part ;

Il a été exposé :

Que, **pour être agréable à M. Pichon, M. de Ferry avait emprunté hypothécairement sur sa propriété des Rousseaux une somme de soixante mille francs et qu'il avait remis cette somme à M. Pichon,** ainsi que celui-ci le reconnaît ici.

Que ledit emprunt hypothécaire étant devenu exigible, M. Pichon a demandé à M. de Ferry de bien vouloir le renouveler pour partie.

Ceci exposé, il a été convenu et arrêté ce qui suit :

1° .....

2° M. Pichon s'engage et oblige après lui ses héritiers et représentants solidairement entre eux à rendre et rembourser ladite somme à M. de Ferry, avec les intérêts, frais et accessoires lors de l'échéance de l'obligation contractée par M. de Ferry **en renouvellement de celle qu'il avait contractée les 24 Octobre et suiv. 1902.** Ce remboursement aura donc lieu au plus tard le 30 Octobre 1910.....

Signature : P. (Pichon.)

Projet d'acte à signer pour le renouvellement en 1907, grâce à la garantie de M. de Fontenay, beau-frère du sieur Pichon, de l'emprunt contracté en 1902 par le sieur Pichon envers M. de Ferry.

Entre les soussignés :

M. de Ferry

D'une part;

Et M. de Fontenay

D'autre part.

Il a été exposé :

Que **M. de Ferry a prêté à M. Pichon une somme de soixante mille francs que celui-ci s'est engagé à lui rendre et rembourser lors de l'échéance d'une obligation hypothécaire contractée par M. de Ferry sur sa propriété des Rousseaux suivant acte reçu par Me Baron, notaire à Orléans, les 24 Octobre et suivants 1902**.....

Le sieur Pichon, débiteur de 90.000 fr. envers son ami M. de Troismonts.

Paris, 15, Avenue d'Eylau. *Ce premier Décembre 1903.*

Je soussigné, Baron Louis Pichon, demeurant à Paris, 15 Avenue d'Eylau, reconnais devoir à mon ami Monsieur de Troismonts, lieutenant de chasseurs à cheval à Sézanne, la somme de CINQUANTE MILLE FRANCS.

Je m'engage à lui en tenir les intérêts à 5 0/0 les premiers Mars, Juin, Septembre et Décembre jusqu'à remboursement complet de cette somme.

Signé : Baron L. Pichon.

Paris, 15, Avenue d'Eylau. *Ce premier Décembre 1903.*

Je soussigné, Baron Louis Pichon, demeurant à Paris, 15 Avenue d'Eylau, reconnais devoir à mon ami le Vicomte de Troismonts, lieutenant de chasseurs à cheval à Sézanne, la somme de QUARANTE MILLE FRANCS.

Je m'engage à lui en tenir les intérêts à 5 0/0, les 15 Avril, Juillet, Octobre et Janvier jusqu'à remboursement complet de cette somme.

Signé : Baron L. Pichon.

Lettre de M. de Laubespin au sieur Pichon.

CHATEAU DE GOUILLON, MINIAC-MORVAN (Ille-et-Vilaine) *9.-1.-09.*

MON CHER LOUIS,

.... Je vous dis tout ceci, mon cher Louis, **afin que vous soyez bien convaincu que je suis prêt à faire encore cet effort pour vous, mais franchement ne pourriez-vous insister un peu près de votre grand-père; Athénaïs m'a dit hier qu'il venait de vous avancer un million et qu'elle n'osait lui demander plus; mais si elle savait que vous m'en devez 1 1/2 elle aurait peut-être encore moins osé s'adresser à moi.....**

Je vous embrasse tendrement,

PIERRE.

NOTE : **Sur le million et demi dont le sieur Pichon se trouvait en 1909 débiteur envers son ami M. de Laubespin, plus d'un million était dû avant le mariage.**

Lettre adressée par Marianne Kinceler, ancienne « amie » du sieur Pichon audit sieur (1907).

Mon cher Louis,

Je t'avais écrit avant que tu n'aies écrit à Lionel. Il me dit que tu viens d'avoir beaucoup de chagrin, que ta femme vient d'être très malade, pauvre Louis, ce n'est pas de chance, mais ce n'est plus rien maintenant et tout ira de mieux en mieux.

Je sais qu'il doit t'adresser ses lettres chez de Troismonts, je fais donc comme lui. Je t'en prie, ne lui en dis pas un mot, du moins pour l'instant, je t'ai écrit à l'hôtel d'Auzun *(sic)* à Andrieux concierge pour te remettre ma lettre, tu dois l'avoir. En tous cas, je te demandais les 2.000 francs de l'Altaï, il faut que tu me rendes ce service, 2.000 francs pour toi ce n'est rien, et moi en ce moment, ce sera beaucoup.

Moi dans le temps j'ai assez fait pour toi, pour que maintenant tu fasses ce que je te demande; j'ai absolument besoin d'argent; si tu me l'envoies, je t'autorise à le dire à Ferry, tu diras la vérité, que je t'ai écrit une lettre désolée, te disant que j'avais perdu une grosse somme et que tu as fait ce sacrifice pour m'aider. Tu ne peux me refuser cela. **Dans cette lettre il est inutile de parler du passé, et tout ce que j'ai pu te rendre comme service. Je sais que tu n'aimes pas te souvenir des gens qui t'ont fait du bien, je ne t'en dis donc rien,** j'attends les 2.000 francs avec impatience à Jumièges.

Je t'embrasse,

Ton ancienne amie.

Vous êtes donc toujours en correspondance avec Ferry, autrefois, tu me disais que tu le sèmerais; il est donc redevenu ton ami, il ne parle jamais de toi et moi jamais, j'en parle avec Rougeau quelquefois, jamais en mal en tous les cas.

Baron Pichon,

Personnelle.

A vos bons soins.

Lettre adressée par Andrieu, concierge du sieur Pichon, à Marianne Kinceler, en réponse à la lettre précédente..

Le 27 Août 1907.

MADAME,

J'ai fait parvenir avec beaucoup de difficulté la lettre adressée à Monsieur le Baron. **Il me charge de vous envoyer deux mille francs** (2.000 francs). **Seulement il espère qu'ils lui seront tenus en compte sur les 4.000 qu'il doit rembourser à Monsieur le Marquis de Ferri au mois d'octobre,** par conséquent il ne resterait plus que 2.000 francs à verser.

Je vous serais reconnaissant, Madame, de bien vouloir m'accuser réception de l'envoi afin que je puisse rendre mes comptes à la rentrée de Monsieur le Baron.

Veuillez agréer, Madame Kinceler, tous mes respectueux sentiments.

Signé : ANDRIEU.

Madame Marianne KINCELER
à Jumièges
(Seine-Inférieure)

Valeur déclarée : deux mille francs.

Lettre de Marianne Kinceler au sieur Pichon (1907).

MON CHER LOUIS,

J'ai reçu hier les 2.000 francs dont je te remercie. Andrieux a dû faire erreur et ne pas comprendre ce que tu lui as dit de m'écrire, car **si je t'ai demandé, A MON TOUR, un service pour cette somme qui m'est promise depuis des années,** Lionel n'a absolument rien à y voir et il ne se doutait même pas que je t'en avais parlé. Il n'y a donc naturellement aucune raison pour mêler ce compte avec le sien. J'ai bien été obligé de le mettre au courant hier de cette question qui, pourtant, ne concerne que moi. Il en a paru très contrarié. Ne me mêle donc pas à vos affaires. Il ne m'en parle plus et cela ne me regarde pas. A part çà, je te remercie bien de ton envoi qui me permet de m'arranger pour les intérêts de la somme prêtée que je vais perdre complètement. Je n'ai donc plus rien à te demander pour l'Altaï et, d'après ton engagement, **tu ne dois plus que 15.000 francs à Lionel au lieu de 17.000 et 80 francs de moins d'intérêts par an.**

Je t'embrasse.

Les de Laire te font leurs amitiés.

Lettre de la Maison d'automobiles Hérald au sieur Pichon

Société anonyme des Moteurs et Automobiles
HÉRALD

Paris, le 12 Janvier 1904.

Monsieur le Baron Pichon,
15, avenue d'Eylau.

Monsieur,

Nous vous serions obligés de nous faire savoir si nous pouvons toujours compter sur la somme de dix-huit mille francs que vous nous avez dit nous faire tenir pour le 15 courant.

Veuillez nous excuser de vous importuner ainsi mais nous avons compté sur cette rentrée pour notre échéance de fin courant.

A vous lire, nous vous prions d'agréer, Monsieur, nos salutations distinguées :

Hérald.

Nota : Le sieur Pichon avait acheté une voiture automobile et se trouvait dans l'impossibilité de la payer.

Lettre du sieur Pichon à M. de Troismonts (1904)
(annexée à la lettre précédente).

Mercredi matin.

MON BON VIEUX,

Voici ce que je reçois à l'instant, **c'est fort embêtant.**

Commence par écrire la lettre à Outrey, puis fais-en immédiatement une autre pour la maison Hérald, à peu près conçue en ces termes :

MONSIEUR,

M. le Baron Pichon me communique votre lettre, **je venais précisément d'écrire à M. Outrey pour lui dire que j'allais incessamment arriver à Paris pour vous remettre les fonds que M. le Baron Pichon, obligé de partir pour Alger, m'a confiés.**

Veuillez croire, Monsieur, à l'assurance de mes sentiments distingués.

TROISMONTS.

Hâte, je te prie.

Lettres du sieur Pichon à M. de Troismonts.

Alger, 22 Janvier 1904.

Mon Cher Ami,

Je suis depuis que j'ai quitté Paris sur des charbons ardents ; j'avais espéré recevoir de bonnes nouvelles de toi par le dernier courrier, et malheureusement ta lettre de Samedi dernier me dit que les choses sont toujours au même point.

Si je n'ai rien de toi au courrier de demain, je te télégraphierai, car avec toutes mes autres préoccupations, j'en perds le sommeil.

Continue toujours à me donner de tes nouvelles ici à l'oasis, je te préviendrai à temps de mon retour pour que tes lettres ne se promènent pas.

Tâche je t'en conjure de terminer le plus rapidement possible l'affaire Outrey et enlève l'autre avec ton beau-père, car chaque journée de retard est une perte pour moi.

Merci de tout cœur à toi.

Signé : Louis.

Nota : M. Pichon, sachant que le beau-père de M. de Troismonts devait rembourser à son gendre une assez grosse somme, pressait vivement son ami d'obtenir cette somme, afin que M. de Troismonts puisse la lui prêter pour payer ses dettes et mettre des fonds dans les affaires merveilleuses qui étaient le produit de l'imagination du sieur Pichon. Il pressait, en même temps, le beau-père de M. de Troismonts de mettre lui-même de l'argent dans les mêmes affaires.

Lettre du sieur Pichon à M. de Troismonts.

GRAND-HÔTEL DE L'OASIS. *Alger, le 25 Janvier 1904.*

MON CHER AMI,

Je te remercie très vivement de ce que tu as fait et suis désolé du mal que je te donne, mais Dieu que tu me mets dans l'embarras !

Dans l'administration de l'affaire Hérald se trouve un sale petit bonhomme qui ne manquera pas de raconter que j'ai signé et que je n'ai pas tenu ma parole.

Enfin je viens personnellement de tenter un grand effort **en écrivant à quelqu'un que je connais pour lui demander de me prêter les 12,000 francs;** s'il peut le faire il est entendu qu'il les déposera chez mon notaire Ragot, 11, rue Louis-le-Grand.

Il doit me télégraphier s'il peut le faire et quel jour il aura versé les fonds.

Ce jour-là même je te télégraphierai pour que tu te présentes chez Ragot. tu demanderas le caissier, et il te remettra les fonds sur la présentation de la dépêche que tu auras reçue de moi.

Je lui télégraphierai également à lui aussi.

Aussitôt après tu porteras les 12,000 de reste chez Hérald et tu te feras délivrer un reçu. **Tu diras que : « dès que j'ai eu reçu ta lettre dans laquelle tu m'annonçais le retard, je t'ai écrit de passer prendre cet argent chez mon notaire, dis cela tout simplement. »**

Voici alors moi ce que je télégraphierai à Hérald le jour où je serai certain que les fonds auront été déposés chez Ragot: « Regrette ce retard imprévu, ai donné ordres pour que le reliquat vous soit immédiatement versé, veuillez informer M. Outrey. Pichon ».

Pour l'autre placement crois-tu vraiment que je puisse compter dessus, chaque journée perdue est une perte pour moi: penses-tu qu'il arrivera au-dessus de 80 ?

Ecris-moi toujours régulièrement ici, ou plutôt réflexion faite, adresse ta lettre à l'hôtel Terminus à Marseille, mais laisse toujours supposer à la maison Hérald que je suis à Alger, il se pourrait que je prenne le bateau le jeudi, vendredi ou samedi.

Bien affectueusement.

Louis.

Ci-joint la réponse de Trentinian.

Lettre du sieur Pichon à M. de Troismonts.

Dimanche matin.

Mon Cher Ami,

Je serai Mercredi ou Jeudi à Paris, j'aurai beaucoup à faire, mais nous nous arrangerons bien pour déjeuner ou dîner et causer un peu ensemble.

Veux-tu me faire penser que j'aurai un service à te demander pour le «Panthéon de la Légion d'honneur».

Affectueusement,

Signé : Louis

Nota : Le sieur Pichon voulait faire publier son autobiographie dans le « Panthéon de la Légion d'honneur », publication rédigée par M. Lamathière. Pour être certain que cette autobiographie sera de son goût, il la rédigera modestement lui-même (Voir pièces suivantes).

Lettre du sieur Pichon, à M. de Troismonts.

Vendredi matin. *26 Février 1904*

Cher Ami,

Je te remercie de la communication que tu m'as faite de la lettre de ton beau-père, que je te renvoie par retour du courrier.

Je prévois qu'il va se produire un retard du côté de ses fonds et j'en suis navré. Quant à tes fonds personnels, il a bien l'air de dire que tu les auras mais songe que nous sommes le 26. Tu vois aujourd'hui combien il eût été préférable qu'il vendit au moment où je t'en ai parlé.

D'après sa lettre, quel jour passe-t-il à Paris.....

Je viens de recevoir l'article de Lamathière, est-ce toi qui lui as donné ? Comme il me demande de lui répondre d'urgence, je voudrais bien te voir et cela d'autant plus que j'ai quelque chose de très important à te dire au sujet du journaliste dont tu m'as parlé il y a un certain temps. Je te demande donc instamment de venir le plus tôt possible à Paris, préviens-moi télégraphiquement et viens déjeuner.

Affectueusement,

Louis.

Lettre du sieur Pichon à M. de Troismonts.

PARIS, 15 avenue d'Eylau *Ce 5 Mars 1904.*

MON CHER AMI,

Comme je viens de te télégraphier, je t'attends lundi à midi pour déjeuner mais **tu ne peux pas te douter dans quel embarras ce retard me met. Songe que j'ai compté pour le 25 dernier toucher les fonds,** qu'en prévision de ce versement, j'ai fait, courant Janvier, toutes mes commandes et que depuis le 15 Janvier je remets chaque jour. A l'instant même je reçois une lettre de rappel car **comptant que l'affaire serait liquidée au moment où ton beau-père serait venu, c'est-à-dire le 25 Février,** j'avais pris comme date extrême le 1er Mars. Aujourd'hui 5 Mars je reçois ta lettre dans laquelle tu me dis « que cela ne peut pas ne pas être terminé avant la date fixée à Hérald », je t'en prie **tâche de ramener ton beau-père car pendant qu'il se ballade ainsi, tu me fais passer par des transes effrayantes et qui peuvent m'être funestes au point de vue financier.** Puisque ton beau-père a la ferme intention de verser les fonds, qu'il le fasse donc tout de suite, à quoi cela lui sert-il de temporiser puisqu'il a donné sa parole... et moi chaque jour perdu, c'est une somme perdue.

Voilà maintenant un mois et 2 jours que j'attends.

A lundi et à toi de cœur.

LOUIS

Lettre du sieur Pichon à M. de Troismonts.

Paris, 8 Mars 1904.

CHER AMI,

J'espère qu'après m'avoir quitté, tu as suivi mon conseil et que tu as écrit à ton père, ce qui devrait te donner d'ici peu une réponse sérieuse de lui. Tiens-moi surtout bien exactement au courant et **n'oublie pas qu'il ne faut à aucun prix laisser passer la date du 15.**

Je t'envoie la note complètement refaite ; j'espère qu'ainsi tu la trouveras à ton goût. Veux-tu avoir l'obligeance de la recopier très lisiblement et l'envoyer à M. Lamathière, 153, rue Ménilmontant ? Tu lui expliqueras dans le mot que tu lui écriras, que tu lui envoies un peu en retard parce que tu as cherché certaines dates pour moi, que je n'avais pas présentes à la mémoire.

Fais cela au plus vite car je suis très très en retard vis-à-vis de ce Lamathière.

Bien affectueusement,

LOUIS.

Modèle d'une autobiographie faite par le sieur Pichon lui-même et écrite de sa main pour être insérée au « Panthéon de la Légion d'honneur », de Lamathière.

PICHON (Marie-Joseph-André-Louis), baron, fils de Jean-Séverin-Étienne, baron Pichon et de Marie-Philomène-Béatrix de Cassaigne de Beaufort de Miramon, est né à Coulommiers, le 13 Août 1873. Est entré à 18 ans dans la carrière militaire comme engagé volontaire au 7e régiment de cuirassiers; il part bientôt pour l'Afrique, fait campagne pendant deux ans dans les régions sahariennes, puis est désigné pour servir à l'escadron de spahis soudanais le 1er Août 1896, participe à la colonne de la Volta et à d'autres reconnaissances importantes où il fait preuve de qualités militaires exceptionnelles. Blessé deux fois au combat de Niancoré (Volta noire), 23 Mars 1897, il est cité à l'ordre « pour avoir, grâce à son courage et son intelligence, permis au détachement dont il commandait l'arrière-garde de sortir du défilé où l'ennemi l'avait cerné ». Cité encore au combat de Mansara et de Ouarkey, il quitte le Soudan en fin de campagne pour entrer à l'École de cavalerie; il en sort 1er *bis*. Sa santé, fortement ébranlée à la suite de ses blessures, l'oblige à prendre quelques mois de repos: il participe alors, de Mai à Août 1899, à la Conférence Internationale de La Haye, où il déploie de très réelles qualités diplomatiques et sait s'allier toutes les sympathies. A l'expiration de son congé il repart pour la côte occidentale d'Afrique et va prendre le commandement du détachement de spahis soudanais de Tombouctou. Participe à plusieurs opérations militaires dont la plus brillante est la reconnaissance qu'il dirige en personne sur Araouan, au cœur de l'été de 1900. Rentré en France en 1902, il repart dans les régions sahariennes et participe à la reconnaissance qui descend par le nord jusqu'à moitié chemin de Tombouctou. Ses décorations, en majeure partie coloniales, sont le témoignage d'une vie militaire sans repos. Décoré exceptionnellement de la médaille militaire à 24 ans, pour sa conduite au feu et ses blessures de guerre, il a obtenu, en outre, la médaille coloniale avec les agrafes du Sahara, du Sénégal, du Soudan et enfin de l'Afrique occidentale française ; il est chevalier de l'Etoile noire du Bénin, officier du Nicham Iftikar, chevalier de l'ordre impérial de Sainte-Anne de Russie, chevalier de l'ordre royal italien de Saint-Benoît-d'Avize et commandeur de l'ordre militaire de Bulgarie. Enfin, il a été nommé chevalier de la Légion d'honneur le 30 Décembre 1902, avec cette mention très remarquable : onze ans de service, six campagnes de guerre, une citation (Soudan).

Lettre du sieur Pichon à M. de Troismonts

Vendredi matin *13 Mars 1904*

Mon Cher Ami,

Tu m'annonçais dans ta dernière lettre l'envoi du chèque de 35, aujourd'hui vendredi je n'ai encore rien reçu ; qu'est-ce que cela veut dire, je suis inquiet.

Télégraphie-moi pour me dire quand tu l'as envoyé et si tu l'as adressé à Rambouillet.

A toi de cœur.

Signé : Louis.

Lettre du sieur Pichon à M. de Troismonts.

Paris, 15 Mars 1904.

CHER AMI,

Tu me dis que tu ne veux pas quitter ta garnison pour le moment, cependant je t'avais bien prévenu que je viendrais à Paris, dans le courant de cette semaine, et que je te serais reconnaissant de t'arranger pour t'y rencontrer avec moi : je ne pense pas que dans ton régiment on travaille en semaine sainte, plus que dans les autres régiments, ou toutes les recrues ont congé.

Après avoir reculé de jour en jour l'échéance des paiements, pour lesquels j'avais pris des engagements très fermes, je bois un bouillon formidable grâce à cette dernière reculade.

Je te demandais dans ma dernière lettre, quand tu penses que ton beau-père reviendra du Midi et quand tu penses que les Compagnies de chemin de fer auront terminé leur transfert.

Aujourd'hui tu me télégraphies que tu craindrais compromettre solution en insistant soit à Nice, soit à Rouen, ne te leurre pas ou plutôt ne nous leurrons pas, et alors je te demande de nouveau, penses-tu que ton beau-père revienne bientôt, quand et prendra-t-il énergiquement l'affaire en mains ?

Si je m'étais attendu à pareille chose, au mois de Décembre dernier quand tu m'en as parlé, crois-tu que j'aurais pris les engagements que j'ai pris. Tu comprendras donc à quel point je désire être fixé.

A toi.

Signé : LOUIS.

Lettre du sieur Pichon à M. de Troismonts.

RAMBOUILLET (12e Cuirassiers). *Ce 24 Mars 1904.*

CHER AMI,

Ces retards inexplicables étant donné ce qu'on t'avait dit et ce que tu m'avais dit, **viennent de m'obliger encore à verser 800 francs d'intérêt parce que j'ai laissé passer la date du 20. Quand penses-tu pouvoir mettre le notaire de ton beau-père en demeure de se liquider ?** Je te répète, outre les graves ennuis que cela me cause, qu'il est inadmissible que le notaire ne se moque pas de lui ; pendant que ton beau-père voyage dans le Midi, il trouve très intelligent de vous faire droguer, probablement à son profit, car il n'est pas possible (tu peux le demander à qui tu voudras) qu'un transfert prenne trois mois. Il a dû agioter sur tes valeurs ou l'argent liquide. Fais donc attention et prends l'affaire en mains, comme je te le conseillais il y a trois semaines lors de notre dernière entrevue. Pour moi **ces retards successifs me sont une véritable débâcle.**

Bien à toi,

LOUIS.

Comment se fait-il que tes lettres restent aussi sans réponse?

Lettre du sieur Pichon à M. de Troismonts.

Paris, 13 Avril 1904.

Mon Cher Ami,

Je reviens du mariage de Loriol à Fribourg, j'ai été trop bousculé tous ces temps-ci pour pouvoir répondre à ta dernière lettre. Ci-joint celle de ton beau-père, datée du 30 Mars, et nous voilà au 15 Avril.... **Pour moi, nouveau bouillon parce que mes engagements ne sont pas tenus.**

Quand penses-tu avoir une solution ?

En hâte à toi,

Signé : Louis.

Lettre du sieur Pichon à M. de Troismonts.

Rambouillet, ce 25 Avril 1904.

CHER AMI,

Je reçois ta dépêche à l'instant, tâche de venir déjeuner ici vendredi, j'irai te chercher en breack à la gare, tu as un train qui arrive après-midi. Ce sera la meilleure façon de causer tranquillement.

Ces retards sont terribles pour moi; d'après ta dépêche « tu crois l'affaire en bonne voie », **tu ne peux pas te douter de l'argent que cela m'a fait et me fait perdre.**

En dehors de cela j'ai à te parler très sérieusement d'une question coloniale.

Affection,

L..

Lettre du sieur Pichon à M. de Troismonts.

11, Rue de Groussay (Rambouillet) *Ce 17 Mai 1904.*

Cher Ami,

J'ai été hier même toucher l'argent au Comptoir d'Escompte.

Bien que ce retard ait été déplorable pour moi, je te remercie bien sincèrement. J'ai encore été hier verser 600 francs d'intérêt pour les engagements pris à dates fixes et non tenus !

Tous mes compliments pour ton cheval.

Penses-tu pouvoir venir sans faute la semaine prochaine, par exemple mardi, ou bien veux-tu que nous nous rencontrions dimanche ou lundi à Paris ? En une heure de conversation nous pourrons tout régler, mais dans ce cas, écris-moi ou télégraphie-moi l'heure ici. Dimanche matin ou lundi matin de bonne heure, cela te conviendrait-il ? Je te propose cela parce que moi aussi, je suis très pris. Jamais je n'arrive à faire le tour complet de ma famille.

Vite un mot et bien affectueusement à toi,

Louis.

Lettres du sieur Pichon à M. de Troismonts (Octobre 1904).

BRIDES-LES-BAINS (Hôtel Lafont) *Ce Samedi.*

MON BIEN CHER AMI,

Ne m'en veux pas si j'ai tant tardé à t'écrire, mais je suis comme tu le sais non seulement pris par mon traitement mais aussi **par la question dont je t'ai parlé avant mon départ.**

Léréale m'a dit qu'il t'avait envoyé le reliquat, j'espère qu'il te sera parvenu à temps.

Quant aux mille francs du 4 Octobre, compte sur moi et non sur lui et donne moi le temps de me retourner, je te prie, je vais m'arranger pour qu'ils ne te fassent pas défaut.

Au revoir mon bon ami, merci de l'affection que tu viens de me prouver, je ne l'oublierai pas et suis fidèlement à toi de tout cœur.

L.....

Lettre du sieur Pichon à M. de Troismonts.

Aix-les-Bains, 16 Octobre 1904.

MON BON CHARLES,

Tu me rendras un service d'autant plus signalé pour le moment en ne prenant que cinq cents qu'ici les affaires dont je t'ai parlé avant ton départ paraissent assez bien marcher et que cette situation nouvelle me crée une source nouvelle de dépenses. Donc si tu peux attendre un peu pour les autres cinq cents, tu me combleras.

Je ne crois pas pouvoir mieux faire que de t'envoyer la lettre de cet excellent Rigny au sujet de mon Alezan qui a dû t'arriver, Vois tout le soin qu'il en a pris, tâche, je t'en supplie, de continuer dans la même voie parce que tu ne peux pas te douter de l'importance que cela a pour la vente.

Dis-moi comment tu l'auras trouvé et tâche d'exciter ton amie ou celle de Mme de Peyronnet. Dis que tu as ce cheval pour quelque temps, car vu son état, son dressage, sa silhouette magnifique, ses qualités, il ne traînera pas entre tes mains et comme vraiment la bête est hors ligne, elle me le paiera peut-être 5.000, ce qui ne serait pas cher vu ses qualités.

Bien affectueusement à toi,

L. (Louis PICHON).

NOTA : Les **affaires** dont parle ici le sieur Pichon, comme « la question » dont il parlait dans la précédente lettre, et encore « **la**

grande question M... » dont il parle dans la lettre suivante, se rapportent toutes au même ordre d'idées : le projet qu'il a formé d'épouser Mlle Athénaïs Manca de Vallombrosa, fille de feu le marquis de Morès, duc de Vallombrosa, et héritière de Monsieur de Hoffmann, son grand-père maternel. Il a rencontré Mlle Athénaïs Manca de Vallombrosa à Brides-les-Bains en 1904, et, malgré la longue opposition de la famille Manca de Vallombrosa qui avait toutes raisons de se refuser à la réalisation de ce projet, le mariage fut célébré en novembre 1905.

Lettre du sieur Pichon à M. de Troismonts.

Paris, le 1er Novembre 1904.

MON BON CHARLES,

Tu dois certainement m'accuser d'oubli ou d'ingratitude mais il n'en est rien. Je te remercie infiniment de tout ce que tu as fait pour moi et ne suis pas prêt de l'oublier. Je te demande pardon de ne pas t'avoir encore envoyé les 25 louis dont je te suis redevable, veux-tu me donner encore quelques jours car dans ce moment-ci je suis excessivement bousculé.

Je suis désolé que la vente de l'alezan ne marche pas, peux-tu activer la chose en en parlant à tous les châteaux du voisinage, sans en parler, s'il fallait rabattre un peu pour le prix, je le ferai si c'était nécessaire.

Considères-tu que les fautes que fait l'alezan en marchant puissent nuire à sa vente?

J'ai embarqué Trentinian à destination de Madagascar. Je l'ai mis au bateau avec sa femme à Marseille. Très affectueux pour moi, fera tout ce que je lui demanderai, quand tu voudras, mais de préférence après le départ de Gallieni.

Préviens-moi de ton arrivée à Paris, que je ne te manque pas.

La grande question M... marche très bien.

Bien affectueusement,

Signé L. (Louis PICHON).

Lettre du sieur Pichon à M. de Troismonts.

Vincennes, 10 Novembre 1904.

Mon cher Charles,

Je viens de voir Beaudemoulin, j'ai de grandes chances d'être nommé à la section historique. Je te tiendrai au courant, d'ailleurs, si j'y suis nommé, je ne tarderai pas à aller te voir à Sézanne.

A propos de Sézanne, envoie-moi tous les journaux qui ont paru sur Brémond. Je veux l'aider à se réhabiliter. Tu as dû déjà voir ma rectification dans pas mal de journaux.

Autre affaire importante : Tu sais ce que je te disais hier de mon affaire des moteurs. Ce matin, j'ai eu une conversation qui me prouve qu'elle est en voie de prendre une extension telle, que je vais accepter une des places d'administrateurs, qui m'est offerte.

Mais, veux-tu à ce sujet, puisque tu te trouves dans un milieu militaire, et au centre même des renseignements *ad hoc*, me savoir, **si j'ai le droit au point de vue militaire, étant officier en activité, d'être administrateur d'une Société,** dans laquelle je possède pas mal de titres, je suis même un des gros actionnaires.

Dans le cas où les règlements militaires m'y autoriseraient, je ferai parvenir tout de suite au conseil d'administration mon acceptation, **dans le cas contraire, je voudrais que tu me dises, de quelle façon je pourrais tourner les règlements,** Affaire de gros avenir et avantages financiers sérieux pour moi. Fais vite.

A toi de tout cœur.

Signé : L. (Louis.)

P. S. — As-tu vu Peyronnet? As-tu publié les chevaux ?

Lettre du sieur Pichon à M. de Troismonts.

Paris, 15, Avenue d'Eylau. *Ce 19 Novembre 1904.*

Cher Ami,

Je n'ai reçu aucun papier de l'association des voyageurs. Je crains que tu n'aies été un peu vite dans la besogne et que ma dignité ne soit pas assez ménagée. Rappelle-toi que je n'ai pas demandé à en faire partie et comprends bien que vu leur peu d'empressement je ne veux pas avoir l'air ou de m'être imposé ou de ne pas avoir été agréé. Eclaircis cela au plus tôt, je te prie, et au besoin dis que mon retour à Rambouillet me rendra mes déplacements à Paris bien difficiles.

Dans ces conditions tu ne peux faire autrement que d'y aller lundi pour te rendre compte par toi-même et avec beaucoup de finesse.

J'aurais bien voulu te voir parce que j'ai à te parler de Lamathière : le grand père a entre les mains l'article du Panthéon et comme au fond il n'a pas beaucoup de renseignements sur moi, je voudrais qu'avant que ce dernier n'aille trouver Lamathière pour lui en demander d'autres et lui demander d'où il les tient, tu aies le temps de le voir pour lui spécifier que c'est toi et rien que toi qui lui as donné les dits renseignements. De cette façon le grand-père finirait peut-être par s'adresser à toi.

Mais je te dis, je voudrais te voir le plus tôt possible. Tâche donc de venir à Rambouillet lundi, tu seras certainement rentré à temps pour le dîner des voyageurs.

Puis je voudrais te parler de Brémond, de l'Etat M. G., de Trentinian, etc.

Merci pour les chevaux, tâche de les liquider le plus rapidement, à ce propos je vais probablement te reprendre le bai ; ne lui fais rien toucher des crins et de la queue. Encore un motif pour lequel je voudrais te voir.

Affectueusement,

L...

NOTE. — Lorsque le sieur Pichon parle du « **grand-père** », il s'agit de Monsieur de Hoffmann, grand-père de Mlle Athénaïs Manca de Vallombrosa.

Le sieur Pichon ayant demandé en mariage Mlle Athénaïs Manca de Vallombrosa, la famille de Vallombrosa prit des renseignements sur le sieur Pichon par l'intermédiaire de M. Fay, notaire à Paris. Les premiers renseignements furent déplorables. Pour effacer cette mauvaise impression, le sieur Pichon pria son ami M. de Troismonts d'écrire au notaire et lui remit, écrit de sa main, le projet de la lettre qu'il lui demandait d'envoyer (1905).

MONSIEUR,

Je m'empresse de déférer à votre désir en vous envoyant les renseignements que vous me demandez sur le Baron Pichon.

Je ne comprends pas comment on aît osé répandre sur lui une pareille calomnie qui n'est évidemment dictée que dans le but de lui nuire et faute d'arguments.

J'ai donc connu Pichon en France puis j'ai fait campagne avec lui au Soudan, je l'ai ensuite vu de très près pendant qu'il commandait le détachement de Spahis de Tombouctou et je puis vous affirmer sur l'honneur que c'est l'homme le plus impeccable que je connaisse à tous les points de vue, dans sa vie privée qui a toujours été exemplaire comme dans sa vie militaire qui est une page unique.

C'est une belle âme dans toute l'acception du mot, droite, généreuse et éprise de l'idéal africain auquel il a consacré toute sa vie jusqu'au jour où victime du général André, il a été mis brutalement à la porte d'Afrique par ce dernier. Ce que je vous écris ici, vous pouvez le demander à tous ceux qui l'ont connu et ils vous répéteront que partout où il est passé il a été respecté et aimé pour l'élévation de son caractère et les qualités de son cœur. C'est avec un profond dégoût que j'ai lu ces accusations dont la vilenie ne salit que leur auteur.

Recevez, etc.....

Lettre du sieur Pichon à M. de Troismonts.

Paris, 22 Juin 1905.

Mon Cher Vieux,

Je t'envoie inclus 500 francs mais tâche que Cornet me règle, je suis très gêné ; cela m'ennuie de les lui demander directement, mais tâche de lui faire comprendre qu'il dépasse les limites, il faudrait évidemment mieux le lui faire comprendre de vive voix.

Ecris donc à Candrix, il n'y a absolument que lui qui puisse faire quelque chose grâce à Bunau-Varilla, mais relance le sans-arrêt, crois-moi.

Bien affectueusement à toi.

Signé : Louis.

Je pars ce soir pour 3 ou 4 jours en Allemagne voir le grand-père.

Lettre du sieur Pichon à sa future femme.

Paris, 15, avenue d'Eylau. *Ce 14 Septembre 1905*

Mon amour adoré, ma tendre et bien aimée Athénaïs, mon cher ange,

Quelle journée encore aujourd'hui ; je n'ai pas pu t'écrire hier et j'ai eu bien peur de ne pouvoir le faire encore aujourd'hui. C'est affreux d'avoir à écrire comme je le fais, c'est abrutissant.

En somme à Paris, rien de neuf : Fay, toujours aimable, **désirant voir les affaires s'arranger**, mais attendant la visite de Cachard (qu'il a déjà relancé deux fois) pour savoir quand Cachard avec tes oncles iront faire la dernière démarche.

As-tu pensé à faire remarquer à ton grand-père que dès que les papiers militaires sont arrivés on a fait les publications, ceci pour lui prouver que ses suppositions étaient aussi fausses que blessantes.

Je reçois à l'instant un télégramme charmant de Low qui m'offre un rendez-vous à Bruxelles dimanche. Tu vois quel brave homme. Je vais étudier de très près l'affaire avec lui et te dire **si nous devons gagner une fortune ou pas.** Quel malheur que tu ne sois pas ma petite femme et que tu ne puisses pas voyager avec moi.

Je viens d'envoyer un télégramme à la gare du Nord pour savoir comment on peut aller de Bruxelles à Heidelberg et je te télégraphierai à Heidelberg l'heure et le jour de mon arrivée. Je veux encore aller te voir là-bas parce que j'ai des choses importantes à te dire et qu'il faut que ton grand-père prenne quelques jours pour donner sa réponse. **Je crois même qu'il ne faudra**

pas trop brusquement faire savoir à ta mère qu'il a donné son consentement (s'il le donne) afin qu'elle ne se retourne pas encore plus dans un accès de rage contre nous.

Mon amour adoré, ma tendre Athénaïs, sens-tu bien tout l'amour, toute la tendresse qu'il y a au fond de mon cœur pour toi, sens-tu que mon âme est rivée à la tienne pour l'éternité, que tu es ma petite femme que j'adore de toutes les forces de mon être et que j'adorerais jusqu'à mon dernier soupir, sens-tu enfin qu'un mot un peu dur de toi me tuerait, qu'une diminution d'affection me mènerait tout droit à la tombe, parce que n'ayant jamais pu faire les choses qu'à moitié, je t'adore avec toute l'intensité d'un cœur chaud et sensible ? Est-ce bien un amour comme celui-là que tu avais rêvé, et crois-tu que tu aurais pu en trouver un autre plus complet, plus absolu ? Te rappelles-tu maintenant tout ce que je t'écrivais quand tu doutais de moi, de mon amour et t'ai-je trompé sur la sincérité de mes sentiments et sur la sensibilité de mon âme ? Est-ce que je parais moins t'aimer que je ne te l'ai écrit ? Eh bien ! tu verras quand je serai moralement et par conséquent physiquement rétabli, tout l'amour gai et tendre que je te prodiguerai mais combien je me sens las, déprimé et triste, **tant les tiens ont été mal pour moi.**

Mon tendre et cher amour, il faut que ceci parte par la poste, je n'ai donc que le temps de t'embrasser de toute la force de mon âme, avec toute la passion et la tendresse que j'ai au fond du cœur pour toi.

Ton petit mari qui t'adore,

LOUIS.

Carte du sieur Pichon à M. de Troismonts.

Baron Louis Pichon
Lieutenant au 12e Régiment de Cuirassiers,
15, avenue d'Eylau.

25 Septembre 1905.

Cher Ami.

Je rentre à l'instant de voyage ; toutes mes excuses. Comme je me doute qu'avec tous tes déplacements tu as dû avoir pas mal à payer, **je te rends les 2,000 francs que tu m'avais si gentiment prêtés.**

Affection.

L. (Louis Pichon).

II

Louis PICHON

Pendant le Mariage

Sa Situation Financière. — Ses Expédients.

A

LES EMPRUNTS

1° Le sieur Pichon et son ami M. de Ferry.

Lettre de M. de Ferry au sieur Pichon

Saint-Raphaël, 7 Juin 1907.

Mon bien cher Louis,

Selon la lettre de M. de Troismonts, j'ai averti le notaire que le remboursement des 4.000 qu'il réclamait sera effectué à l'échéance du 15 Octobre, de même que celui de 17.000 Altaï, total 21.000, pour la réception desquels je t'écrirai vers cette date, au cas où nous ne pourrions nous rencontrer à Paris, contrairement à ce que j'espère.

Je t'aviserai par la suite, quand il y aura lieu, des autres échéances pour le surplus des divers emprunts dont le total était de 60,500 francs, plus les frais sur lesquels tu as déjà remboursé 14.000 francs par anticipation.

M. de Troismonts me disait que vous étiez installés à Lauzun qui doit être maintenant une merveille. Je me fais une fête d'admirer bientôt toutes ces belles choses. D'ici-là tâche de me donner signe de vie. Tu sais que tu me feras plaisir.

Le pauvre vieux d'Oualson vient de passer quelque temps ici. Il est dans un état pitoyable et je le crois perdu. Toujours aussi gentil et discret malgré tout. Inutile d'ajouter que suivant nos conventions, je ne lui ai pas dit un mot de nos affaires, pas plus qu'à Marianne d'ailleurs.

Je vais passer un mois dans l'Ariège et rentrerai sans doute à Paris ensuite.

Je t'embrasse de tout mon cœur et je souhaite bien vivement que ta femme soit aujourd'hui tout à fait rétablie.

Lionel.

Lettre de M. de Ferry au sieur Pichon.

Jumièges, le 14 Août 1907.

Mon cher Louis,

Tu conviendras que j'étais en droit de m'inquiéter et de mettre ce long silence sur le compte de l'oubli. Rien ne pouvait en effet me faire supposer le triste événement que tu m'apprends. Il a dû te causer un vif chagrin auquel je compatis de tout mon cœur. Dis bien à la pauvre et charmante malade que je suis loin de rester indifférent à ses souffrances et qu'elle me fera plaisir en ne voyant pas là les condoléances banales d'un étranger. Il n'est pas douteux heureusement qu'un long séjour au grand air et du repos lui rendent toute sa santé. Tu voudras bien, j'espère, me donner de ses nouvelles et lui faire part de mes meilleurs vœux.

Pour ma part, je viens de passer un mois à Aulus, un trou perdu des Pyrénées, mais très vert et très frais, menant toujours cette vie calme — un peu trop même — préférable en tout cas à mon sens à celle de Paris qui ne donne que de la fatigue et les trois quarts du temps que de l'ennui, sans parler de ce qu'elle coûte. Mais ce n'est pas ton activité qui pourrait s'en contenter. Je voudrais quand même vous savoir en repos et au bon air dans une jolie propriété qui vous plairait et où vous oublieriez théâtres, soirées et... parisiens. Mais voilà un désir que n'ont pas les jeunes femmes, surtout quand elles n'ont qu'à paraître pour être admirées.....

J'aurais voulu ne plus avoir à te parler de cette ennuyeuse question de remboursement ; c'est pour cela que je t'écrivais la

lettre à laquelle tu m'as fait répondre : « c'est entendu », par Troismonts. Or, il n'y a rien d'entendu, puisque tu me dis maintenant qu'il ne te sera pas possible de verser en Octobre les 17,000 francs sur lesquels je comptais d'après cette réponse même.

Il est inutile de rappeler aujourd'hui tous les ennuis que j'ai eus à la suite de ce malheureux placement d'une part, du premier prêt de 20,000 francs de l'autre, à l'époque où, toi étant au Soudan, il ne me rentrait plus rien en dehors de ces deux sommes dont les intérêts n'arrivaient même plus.

Je m'empresse de déclarer que, plus tard, tu as fait tout ton possible pour compenser tout cela et que tu as agi en toute conscience et amitié. N'ayant donc aucun reproche à t'adresser, je fais seulement allusion à cette période très difficile (qui, malgré ton désir, ne se serait pas produite sans toi) uniquement pour que tu comprennes bien que, outre la grande gêne, le plus grand désordre s'en est suivi dans mes affaires et dure encore. C'est pour y remédier et organiser enfin ma vie d'une façon normale et assurée que je te demandais, notamment de fixer Octobre pour le versement des 17,000 francs. Je voulais d'une part liquider d'anciennes dettes (conséquences de l'ancienne situation rappelée plus haut), d'autre part acheter une petite propriété à mon goût où mettre mes meubles et bouquins et vivre tranquille dès que je le pourrais. Tu me réponds : « C'est entendu ». J'entre en pourparlers. Et maintenant tout change ! Il va donc falloir continuer encore cette existence d'errant poursuivi par des échéances que j'espérais cesser. Et l'âge où tout peut s'arranger se dépasse pendant ce temps. Une telle organisation excusable et supportable chez un jeune homme, n'est plus de mise chez..... les hommes jeunes qu'elle conduit à la fâcheuse bohême, s'ils laissent passer le moment de rentrer dans la régularité. Te voilà maintenant au courant de mon état d'esprit et de ma situation actuelle. **Tu vois, d'après**

cela que le versement en question me serait des plus utiles à la date que je pouvais croire fixée. Tâche donc de l'effectuer. En tout cas, préviens-moi ici. Je te ferai remarquer à ce sujet (et à ce qu'il me semble, du moins), que ta position te le permettra sans doute plus facilement à cette date qu'à une autre, le décès de ta tante étant survenu depuis l'époque où je te proposais pour la première fois de le fixer au mois d'Octobre. Je m'en remets d'ailleurs à ton affectueux désir de me savoir définitivement hors d'embarras et tranquille. Tu te souviens que, de mon côté et sans que tu me le demandes, je t'ai prié ces années dernières, malgré ton engagement écrit pour les intérêts **(car je voyais bien qu'ils te gênaient)**, de les réduire annuellement de 2.500 francs qui, bien entendu, m'auraient été utiles. Je n'en tire aucune gloire..... crois-le bien, et rien n'était plus naturel de toi à moi. Je t'en parle seulement parce que nous résumons la question et pour que tout reste bien clair comme toujours entre nous.

Quant au paiement de l'hypothèque de Mme Aubin d'Orléans (5.090, chiffre exact 5,091,90, et non 4.000 comme tu le crois), j'écris dès aujourd'hui à Lereále qu'il ait à en déduire l'intérêt à 4 1/2 % à partir de la prochaine échéance non comprise sur les intérêts qu'il m'adresse chaque trimestre pour le notaire. Nous n'aurons donc plus qu'à fixer le nouveau chiffre après le paiement de cette deuxième hypothèque (La première était de 14.000 francs). **Pour les suivantes, nous demanderons un délai lorsqu'elles viendront à échéance, si tu n'es pas en mesure.** Si, au contraire, tu veux les payer avec indemnité par anticipation, fais-moi connaître cette décision d'une façon certaine six mois d'avance, délai imposé par l'acte d'emprunt. Et voilà.

Tu penses que je n'aurais pas manqué de venir t'embrasser avant de venir chez de Laire si j'avais pu supposer que tu étais encore à Paris au mois d'Août. J'aurais en même temps grand plaisir à admirer toutes les jolies choses qui doivent être à présent complètement mises au point dans ce superbe Lauzun dont tout le monde parle.

A bientôt, mon cher vieux, je t'embrasse de tout mon cœur et c'est de même que je souhaite le prompt et complet rétablissement de ta femme.

LIONEL.

Réponse au plus tôt, Jumièges (Seine-Inférieure).

Lettre de Monsieur de Ferry à M. de Troismonts.

JUMIÈGES (Seine-Inférieure) *Le 20 Août 1907.*

MONSIEUR,

Je me suis autorisé de ce que vous m'écriviez en Février au sujet de notre ami Pichon pour adresser, à votre nom, il y a plus de deux mois, une lettre recommandée que vous n'aurez certainement pas manqué de lui transmettre.

Je n'ai cependant reçu aucune réponse. Comme Louis ne me donne plus signe de vie et que, d'autre part, l'échéance approche de remboursements dont je suis responsable, il sera le premier à comprendre, dès que cette situation lui aura été rappelée, que le seul mot « c'est entendu » qu'il vous avait prié de m'écrire ne me donne pas à cet égard toute la tranquillité d'esprit désirable. Quelques lignes de lui et, de temps à autre, un mot de souvenir comme autrefois, après une intimité de quinze ans, auraient au contraire atteint facilement le but.

Quoi qu'il en soit, **puisqu'il a employé votre intermédiaire pour me demander de ne pas lui écrire chez lui,** je n'ai donc pu lui indiquer directement ce moyen si simple et, avant de le faire, je me vois en conséquence obligé de m'adresser à vous pour lui en donner l'idée.

Avec mes excuses pour cette commission et mes remerciements pour la réponse qu'il faut bien que j'attende de votre obligeance, je vous prie, Monsieur, de croire à mes sentiments les plus distingués.

Marquis de FERRY
à Jumièges (Seine-Inférieure).

Lettre de Monsieur de Ferry à M. de Troismonts.

Jumièges, le 30 Août 1907.

Monsieur,

Je vous prie d'excuser cette suite de lettres recommandées qui, tout en étant motivées par la situation, n'en mettent pas moins un peu trop à contribution votre obligeance. Selon ce que vous voulez bien m'écrire, je compte que Louis aura le plus tôt qu'il sera possible, ces deux dernières, celle-ci à lire d'abord,

Il n'y a naturellement pas de difficulté pour les 5,090 francs dont vous parlez qui représentent le montant d'une hypothèque arrivant à échéance le 15 Octobre.

Le règlement de l'Altaï, outre qu'il me rendrait grand service en étant fait à cette époque, simplifierait de beaucoup un état de choses assez compliqué par les divers services d'intérêts et il ne resterait plus qu'à éteindre provisoirement les hypothèques partielles qui existeront encore.

D'après votre première lettre reçue dans le Midi et me disant: « C'est entendu », j'avais pris mes dispositions en vue de ce remboursement annoncé et ce n'est que tout à fait par hasard que je suis revenu ces temps derniers sur cette question que je croyais ainsi réglée.

Agréez, je vous prie, Monsieur, mes sentiments très distingués et très obligés.

Marquis de Ferry.

Télégramme du sieur Pichon à M. de Troismonts.

Brideslesens, 8 Octobre 1907.

Reçois dépêche Ferry qui me demande rendez-vous. Ai télégraphié impossible aller à Paris, que t'avais vu ici, qu'au besoin il te joigne, que c'était entendu pour maintenant, **te supplie demander ton beau-père avance cinq jusqu'au 30 Novembre, date liquidation succession. Ferry poussé par sa femme me jouerait sans cela un mauvais tour.**

Compte sur toi.

Signé : Louis.

Carte de M. de Ferry au sieur Pichon.

(*Octobre 1907*).

MON CHER LOUIS,

Tu sais que j'ai engagé ma parole il y a six mois après t'en avoir prévenu de rembourser au 15 prochain 5.000 d'hypothèques prises pour toi et qui arrivent à échéance. Voilà deux mois que je te répète par lette recommandée soit à toi ou à Troismonts, vous ne me répondez ni l'un ni l'autre. Je t'ai fixé par dépêche urgente un rendez-vous auquel tu n'es pas venu. Tu comprends que cela ne peut pas durer davantage, **je te donne donc jusqu'à samedi, dernière limite, pour régler cette question (5.000 que j'enverrai immédiatement).**

En outre la date du versement pour mes intérêts personnels plus ceux qui restent est le 15 c'est-à-dire mardi.

Amitiés.

Signé : LIONEL,

5, rue des Moulins (Versailles)

Carte de M. de Ferry à M. de Troismonts.

Monsieur,

Après avoir exposé aussi nettement que possible l'état de la question, j'attendais une réponse soit de vous, soit de Louis. N'en recevant aucune, j'ai télégraphié à ce dernier sans succès bien entendu. Comme cette situation a assez duré, **je vous prie de vouloir bien l'aviser au plus tôt que j'attends une réponse catégorique : 1° sur le paiement des 5.091 fr., 2° sur le paiement de mes intérêts habituels (le 15 ct.), 3° sur le remboursement total des hypothèques, cela jusqu'à samedi prochain 12 Oct.**

Enveloppe :

Monsieur le Comte de Troismonts.

Mon adresse actuelle, 5, rue des Moulins,

Versailles.

Lettre de M. de Ferry à M. de Troismonts.

Mercredi 9 Octobre 1907.

MONSIEUR,

Je prends acte de ce que vous m'écrivez au nom de Louis, tout en regrettant vivement une fois de plus que cette échéance (annoncée depuis 6 mois) ait nécessité tant d'ennuis et surtout votre déplacement, alors que déjà à cette époque de l'année et par ce temps, le voyage de Suisse vous paraissait sans doute suffisant :

Les fonds doivent être à Orléans le 15 au matin. Je les attends donc au plus tôt.

Quant au remboursement total des hypothèques, ce n'était pas ce que vous m'écriviez en dernier lieu sur les embarras de Louis « qu'on ne soupçonne pas » qui pouvait me rassurer beaucoup pour l'avenir. Si ses affaires qui ont motivé l'emprunt qu'il m'a fait ne donnent pas les résultats brillants et certains qu'il en espérait, je comprends parfaitement son désir de se libérer vis-à-vis de moi, désir qui serait encore bien plus vif si j'avais exigé l'observation exacte de ses engagements écrits, au lieu de lui faire, comme je l'ai fait, la remise de 2.000 francs annuels sur le revenu qu'il m'a non pas proposé, mais imposé à l'époque **au sujet de cette affaire qui devait lui donner 50, 100... etc. %.**

Quelles que soient ses intentions à l'égard de ce rembour-

sement total, la question des garanties n'est toujours pas résolue, ni même traitée, en l'attendant, et il faut qu'elle le soit, à moins que Louis ne me fixe une date ferme, date que je fixerai ainsi moi-même aux créanciers, de façon qu'ils puissent y compter.

Veuillez donc lui soumettre cette réalité qui est différente des « dispositions qu'on doit prendre plus tard » ou des « intentions qu'on peut avoir ».

Pour vous, Monsieur, croyez, je vous prie, à tous mes remerciements, à mes sentiments les plus distingués et au plaisir que j'aurai à faire votre connaissance un jour où je serai plus heureux qu'hier.

FERRY.

Télégramme de M. de Ferry à M. de Troismonts.

Comte Troismonts, Baron Pichon, 21, quai Bourbon, Paris.

De Versailles, 16/10/07.

Harcelé par notaire et créancier, impossible attendre plus longtemps.

Ferry

Télégramme de M. de Ferry au sieur Pichon.

TROISMONTS, PICHON, 21, quai Bourbon, Paris. *De Versailles, 22/10/07.*

Combien de temps vas-tu me laisser dans une pareille situation.

LIONEL.

Lettre de M. de Ferry à M. de Troismonts.

HÔTEL TERMINUS, Gare St-Lazare, Paris. *Le 29 Octobre 1907.*

MONSIEUR,

Quoique souffrant, je suis venu de Versailles pour passer trois quarts d'heure dans le salon de lecture du Terminus sans vous trouver. Je vous ai télégraphié en dernier lieu qu'il ne m'était pas possible de faire attendre davantage le créancier qui depuis six mois, comptait sur la totalité de son argent pour le 5 Octobre. **Envoyez-moi donc le complément de 1,000 francs** au reçu de cette lettre.

Quant au renouvellement des autres créances, je ne l'effectuerai qu'avec un mot signé de Louis dans lequel il fixera lui-même la durée de ce renouvellement et les dates d'échéance de même que le genre de garanties choisi. Il faudrait pouvoir causer de ce dernier point, mais cela paraît vraiment peu commode avec un être invisible qui me télégraphie de Cette quand vous m'écrivez le lendemain qu'il est en Allemagne.

Quoi qu'il en soit, finissons-en, je vous prie. Je suis excédé de tout cela et Louis met ma patience à une épreuve qui a assez duré, n'est-ce pas ?

Croyez, Monsieur, à mes sentiments très distingués de même qu'à mes regrets de ne pas vous avoir trouvé à l'endroit et à l'heure choisis par vous.

Marquis de FERRY.

Les 1000 de suite sans faute. Pour la question de renouvellement, si vous avez pleins pouvoirs, je vous propose un rendez-vous ici même (salon de lecture) jeudi à 5 heures.

Lettre de Monsieur de Ferry au sieur Pichon.

Versailles, le 18 Novembre 1907.

Mon cher Louis,

Je pense que tu as trouvé ma dernière lettre aussi claire que possible. En tout cas, je n'ai rien à y ajouter, et je ne vois pas par conséquent ce que nous pourrions dire de plus sur une situation aussi simple. J'aurai quand même, comme toujours, grand plaisir à palabrer avec toi, le jour que tu voudras excepté le jeudi et le vendredi, en dehors de cette question qui me semble définitivement vidée, après avoir été pour moi une cause de soucis perpétuels pour les raisons graves que je t'ai expliquées en ce qui concerne mon changement d'existence et les moyens financiers nécessaires pour la réaliser.

Malgré ce que je t'ai écrit, ta dépêche ne me paraît pas annoncer le remboursement, sans cela tu ne me parlerais pas de papiers qui n'auraient plus d'intérêt puisque ton versement de ce qui reste dû les rendrait nuls. **J'espérais cependant que tu serais en mesure, si tu l'avais voulu, au moment où tu vas recevoir ce qui te revient de Madame de Vergennes, tandis que, plus tard, ce sera l'aléa des affaires (généralement mauvaises) et celui de l'avenir qui ne donne de certitudes à personne...** A toi de juger en toute conscience et en tenant compte de ma position qui ne peut changer que grâce à toi et par toi.

Mon notaire m'a fourni le bordereau que je t'ai envoyé. Il a jugé que je ne pouvais pas désirer connaître d'autres renseignements que le taux d'intérêts et la date d'expiration d'un acte aujourd'hui sans effet. Je ne sais moi-même ce que tu peux demander en plus... Je lui ai écrit cependant selon ta dépêche pour qu'il fasse rétablir une copie intégrale de l'acte d'emprunt. Tu seras ainsi satisfait. **Quant à ton engagement vis-à-vis de moi, tu ne m'en avais pas dit un mot**. Nous n'en avons aucun besoin dans l'un ou l'autre cas : si tu rembourses, je te donne un reçu pour solde de tout compte ; **si tu ne rembourses pas, le nouvel engagement garanti par M. de Fontenay l'annule de lui-même puisqu'il le remplace pour une durée de l'acte d'emprunt que je renouvellerais, si tu m'y obliges.**

On peut même écrire « Précédent engagement de 60,000 francs annulé » au bas des deux formules que je t'ai adressées. Rien de plus simple. Il me serait d'ailleurs tout à fait impossible de me le procurer en ce moment, car il est à la Reinerie où ma tante de Ponson ne pourra aller qu'à la belle saison et elle n'admet pas qu'on aille chez elle en son absence.

Tout ceci étant bien clair, quel parti prends-tu ?

Si je me décide (au cas où il n'y aurait pas moyen de faire autrement) à renouveler pour trois ans, ne perdons pas de vue que le nouvel acte doit être rédigé au plus tôt car, jusque-là, nous sommes à la disposition des prêteurs qui, depuis l'expiration du premier, sont en droit de nous réclamer leur argent d'un jour à l'autre.

Affectueusement à toi.

LIONEL

Projet d'acte à signer pour le renouvellement en 1907 de l'emprunt contracté en 1902 par le sieur Pichon envers son ami M. de Ferry.

Entre les soussignés :

M. de Ferry

D'une part,

Et M. le Baron Louis Pichon

D'autre part,

Il a été exposé :

Que pour être agréable à M. Pichon, M. de Ferry avait emprunté hypothécairement sur sa propriété des Rousseaux une somme de soixante mille francs et qu'il avait remis cette somme à M. Pichon, ainsi que celui-ci le reconnaît ici.

Que ledit emprunt hypothécaire étant devenu exigible, M. Pichon a demandé à M. de Ferry de bien vouloir le renouveler pour partie, étant entendu qu'à l'échéance de ce renouvellement, il remettrait à M. de Ferry les sommes nécessaires au paiement intégral de la nouvelle obligation hypothécaire ainsi que des intérêts, frais et accessoires.

Ceci exposé, il a été convenu et arrêté ce qui suit :

1° **M. Pichon reconnaît devoir bien et valablement à M. de Ferry la somme totale de quarante et un mille francs qui forme**

le reliquat restant dû à ce jour par lui à M. de Ferry sur les sommes que celui-ci lui a avancées lors du premier emprunt hypothécaire dont il a été parlé ci-dessus;

2° M. Pichon s'engage et oblige après lui ses héritiers et représentants solidairement entre eux à rendre et rembourser ladite somme à M. de Ferry avec les intérêts, frais et accessoires, lors de l'échéance de l'obligation contractée par M. de Ferry en renouvellement de celle qu'il avait contractée les 24 Octobre et suivants 1902. Ce remboursement aura donc lieu au plus tard le 30 Octobre 1910;

3° L'enregistrement des présentes sera supporté par la partie qui y donnera lieu.

Lu et approuvé :

Bon pour quarante et un mille francs.

Signature P.

Projet d'acte à signer pour le renouvellement en 1907, grâce à la garantie de M. de Fontenay, de l'emprunt contracté en 1902 par le sieur Pichon envers M. de Ferry.

Entre les soussignés :

M. de Ferry D'une part ;

Et M. de Fontenay D'autre part.

Il a été exposé :

Que M. de Ferry a prêté à M. Pichon une somme de soixante mille francs que celui-ci s'est engagé à lui rendre et rembourser lors de l'échéance d'une obligation hypothécaire contractée par M. de Ferry sur sa propriété des Rousseaux suivant acte reçu par Me Baron, notaire à Orléans, les 24 Octobre et suivants 1902.

Ceci exposé il a été convenu et arrêté ce qui suit :

1° **M. de Fontenay s'engage à titre de caution solidaire et oblige après lui ses héritiers et représentants solidairement entre eux à payer à M. de Ferry la somme de quarante et un mille francs et ce pour le cas où cette somme n'aurait pas été remboursée à son échéance, soit le 30 Octobre 1910, par M. Pichon.**

2° L'engagement de caution solidaire pris ci-dessus s'étendra aux intérêts, frais et accessoires de l'obligation de M. Pichon envers M. de Ferry.

3° L'enregistrement des présentes sera supporté par la partie qui y donnera lieu.

Fait double à

Lu et approuvé pour caution solidaire
de quarante et un mille francs.

Signature : M. de FONTENAY.

Lettre de M. de Fontenay, beau-frère du sieur Pichon, au dit sieur.

BUDAPEST, Vi aradi Utcza 70. *12 Janvier 1908.*

MON CHER LOUIS,

Comme toujours, tu me trouves prêt à te rendre service et **je t'envoie ci-joint la garantie que tu me demandes pour les quarante et un mille francs dont tu es encore débiteur vis-à-vis de M. de Ferry sur la somme de soixante mille francs que ce dernier t'avança pour te permettre de préparer ton expédition en Afrique.**

Je compte cependant que tu prendras en même temps les dispositions nécessaires pour que cette somme ne me soit pas réclamée et pour que je n'aie à la payer pour toi en aucun cas.

Combien je regrette pour toi que tu n'en aies informé ta femme dès le début, la raison de cet emprunt était trop honorable pour qu'Athénaïs ne comprit pas la nécessité de t'aider à te libérer le plus rapidement possible de cette dette.

Je t'embrasse,

DE FONTENAY.

Lettre de M. de Ferry au sieur Pichon.

Paris, 19 Juin 1908.

MON BON ET CHER VIEUX,

Je ne sais pas si tu remarques qu'on ne se voit plus guère? J'ignore aussi si je suis le seul à m'en plaindre, j'espère que non quoi qu'il en soit. Tu sauras en tout cas que je ne reverrai jamais (s'il y a moyen) aucun ami de notre commune jeunesse avec autant de plaisir que toi. Règle-toi donc une bonne fois là-dessus et ne te fais pas trop rare. **Je regrette beaucoup d'être obligé de m'adresser à Léréale pour te faire parvenir ce mot, mais Troismonts étant absent je crois que c'est le moyen le plus indiqué plutôt que de choisir Andrieux comme intermédiaire.** Il s'agit en ce moment d'une question très importante pour moi : l'achat d'une propriété de famille qui va se faire dans d'excellentes conditions si tu veux bien m'aider. Ma situation serait ainsi réglée définitivement et je vivrai heureux et d'une manière convenable grâce à toi. L'héritage de ma tante de Ponson me permet de mettre la plus grosse somme pour cette acquisition, mais il me manque 10.000 francs. Veux-tu me les trouver dans un délai d'un mois et demi sur les 15.000 d'Altaï dont tu me verses l'intérêt. J'aurai bien entendu à te tenir compte de cet intérêt à 4 % au premier mai sur les 600 francs que m'envoie très régulièrement Léréale. Fais tout ton possible, mon cher Louis, je t'en prie. **Tu seras content, je n'en doute pas d'avoir rendu service à ton meilleur ami qui lui n'a jamais hésité à accepter à ses risques et périls toutes tes combinaisons chaque fois qu'il le pouvait.**

Quant aux 5.000 francs qui resteront on verra plus tard, de même que pour les 41.000 d'hypothèques dûs par toi sur mes fameux Rousseaux, lesquels j'espère quand même vendre enfin, avec transport d'hypothèques sur ma nouvelle propriété, puisque nous avons signé par l'intermédiaire de Troismonts un nouveau délai de paiement pour cette somme qui me gêne un peu quand même, tu t'en doutes bien.

Signé : LIONEL,

10, rue de Passy, pour attendre.

Lettre de M. de Ferry à M. de Troismonts.

Jumièges (Seine-Inférieure), le 13 Juillet 1908.

Cher Monsieur,

Je vous envoie mon adresse actuelle que j'avais oublié de vous donner. **Puisque Louis, dans trois mois, attend d'une façon certaine une forte rentrée et que, d'autre part, je suis dans l'obligation absolue de trouver au plus tôt des fonds, il vaudrait certainement mieux régler en une seule fois cette question des 15,000 francs pour n'avoir plus à y revenir.** Ce serait préférable pour nous deux (j'allais dire pour nous trois), toute complication se trouvant ainsi écartée à l'avenir, le surplus de la dette étant garanti par M. de Fontenay. Il deviendrait donc inutile de demander à ce dernier une nouvelle caution (dont nous parlions l'autre jour) pour les 5.000 francs non compris si Louis ne m'en versait actuellement que 10.000. Cette demande de garantie pour aussi peu de chose ferait d'ailleurs mauvais effet, outre qu'elle nécessiterait une correspondance qu'on peut éviter et des longueurs. J'ajoute que ce versement total qui supprimerait à Louis le paiement d'intérêts vis-à-vis de moi me rendrait en ce moment le plus grand service, comme il le sait bien.

Veuillez donc voir, cher Monsieur, ce que nous pouvons décider au plus tôt à cet égard.

Je préfère la première combinaison proposée par Louis : il fait un billet à un tiers et je l'endosse. Ce tiers lui étant tout acquis ne mettrait pas le billet en circulation et lui accorderait

un délai sans difficulté si, par impossible, il n'était pas en mesure à l'échéance. D'après ce qu'il m'a dit il sera en mesure bien avant.

Prière de vouloir bien me répondre ici le plus tôt possible, et croyez, je vous prie, cher Monsieur, à mes meilleurs sentiments, de même qu'à mon sincère désir que tout se soit bien passé chez vous depuis notre rencontre.

FERRY.

Télégramme du sieur Pichon à M. de Troismonts.

Pontresina à Paris, 27 Juillet 1908.

Espère as pas fait gaffe remettre argent Ferry. Ne comprenons pas différence de cent trois à cent vingt et un remis lors de notre départ. Télégraphie-moi si Vulpillières a accepté opération pour Ferry et comment tu as liquidé cette question.

LOUIS.

Lettre de M. de Ferry à M. de Troismonts.

Jumièges, le 6 Août 1908.

CHER MONSIEUR,

Je vous confirme ma dernière lettre selon l'une des deux conditions (la seule possible) que m'a proposée Louis, la veille de son départ. Vous savez que j'ai le plus pressant besoin des fonds et que, d'autre part, il vaut mieux fixer 15,000 francs pour que ce soit une affaire finie et que je n'aie pas à demander la garantie de M. de Fontenay pour les 5.000 qui seraient dûs sans cela.

J'ai trouvé deux prêteurs parisiens qui me verseront ces fonds dès que Louis aura signé un billet ainsi rédigé :

B.P.F. — 15.000.

Au 15 Octobre prochain, je paierai à M... ou à son ordre la somme de quinze mille francs, valeur reçue espèces.

Signature et la date.

J'endosserai ce billet qui ne sera pas mis en circulation et je paierai l'intérêt de l'argent. Je choisirai le prêteur qui me demandera l'intérêt le moins fort aussitôt que j'aurai votre réponse. Tous deux acceptent la signature de Louis parce qu'il a une situation à Paris où ils habitent eux-mêmes, tandis que ma situation à moi qui se règle en province, sera très modeste et n'est même pas d'ailleurs encore définie en ce moment, n'autorise à leurs yeux que le rôle d'endosseur et non de signataire principal.

Obligé que je suis de faire face à mon échéance, je compte, cher Monsieur, que vous voudrez bien agir de suite pour que je ne me trouve pas dans les plus cruels embarras.

Cette manière de procéder est la seule qui puisse me tirer d'affaire, en même temps qu'elle répond au désir de Louis à mon égard, sans lui faire craindre aucun ennui.

Prière d'emporter de Paris un billet que vous ne trouveriez sûrement pas à Saint-Moritz et que les termes soient exactement les mêmes que ceux de la formule qu'on m'indique et que je vous cite plus haut.

Croyez, cher Monsieur, à tous mes remerciements pour votre grande obligeance à laquelle la position de notre ami me force d'avoir recours, et à mes meilleurs sentiments.

FERRY,

à Jumièges (Seine-Inférieure).

Lettre de M. de Ferry à M. de Troismonts.

Jumièges, le 11 Août 1908.

CHER MONSIEUR,

Vous savez que pour l'achat de la propriété dans laquelle je dois vivre à l'avenir, j'ai pris vis-à-vis du vendeur, après que Louis m'eût promis le remboursement, des engagements définitifs que je suis absolument forcé de remplir. Il s'agit pour moi d'organiser enfin ma vie d'une façon définitive. Louis m'en a très affectueusement félicité, en me certifiant qu'il était heureux de rendre mon achat possible par ce remboursement et que je pouvais compter sur lui.

Comme je reçois du vendeur (qui est de plus mon parent) des lettres très pressantes me réclamant ce que je lui dois, je vous confirme celle que je vous écrivais en dernier lieu et vous prie instamment de me dire au plus tôt comment vous comptez procéder pour obtenir la solution.

N'ayant affaire qu'à vous, je ne suppose pas qu'il y ait lieu, ni qu'il soit prudent de mettre au courant Andrieux ou un autre de nos pourparlers ? Je ne le ferai en tout cas qu'avec votre autorisation, et seulement s'il ne vous était pas possible d'obtenir cette solution à très bref délai.

Veuillez donc, je vous prie, me le dire et croire à mes meilleurs sentiments.

FERRY.

Je devais verser les fonds avant le 10 courant. Louis le savait. Puisque l'arrangement auquel il avait songé s'était trouvé impraticable, j'ai fait toute diligence pour organiser le second, qui est le seul pouvant donner une conclusion immédiate.

En attendant, vous jugez de mon embarras et de mon inquiétude !

Lettre de M. de Ferry à M. de Troismonts.

Jumièges, le 21 Août 1908.

CHER MONSIEUR,

Je vous écris ce mot avant votre départ pour Saint-Moritz afin que vous pensiez bien à emporter mes dernières lettres. Dans l'une se trouve la rédaction à reproduire exactement pour que le billet soit accepté par le prêteur.

2° Ne pas oublier de prendre à Paris un billet proportionnel pour une valeur de 15.000 francs, car vous n'en trouveriez pas là-bas.

Dans la situation extrêmement fâcheuse où je suis, je n'ai pas besoin de vous dire avec quelle impatience j'attends de pouvoir toucher ces fonds que, d'après Louis ou d'après vous-même, j'aurais dû avoir il y a 3 semaines ! Prière donc de m'envoyer le billet au plus tôt, je vous en prie.

Un bon séjour, cher Monsieur. Vous allez tomber en pleines réceptions et élégances en tête desquelles on signale tous les jours nos brillants amis.

Mes félicitations pour l'heureux évènement du quai Bourbon, et bien à vous.

Marquis de FERRY,

à Jumièges (Seine-Inférieure).

Lettre de M. de Ferry à M. de Troismonts.

Hôtel Marsollier, 13, rue Marsollier, Paris. *Le 12 Octobre 1908.*

Cher Monsieur,

Je suis de retour d'Orléans d'où je me suis empressé, après vous avoir vu, de prévenir Léréale du versement de 10.000 francs qui m'a été fait par vos soins au compte de Louis sur les 15.000 francs de « l'Altaï ». Il ne reste donc dû, de ce côté, que 5.000 francs. Je vous serais bien obligé de me les trouver maintenant si possible ce qui m'arrangerait beaucoup et terminerait la question. Sinon, pour l'ordre et la sécurité, nous demanderons la garantie de M. de Fontenay et Léréale m'en continuera l'intérêt au 1er Mai jusqu'à nouvel ordre.

Dites bien à Louis, je vous prie, que je lui suis très affectueusement reconnaissant de ces 10.000 qui me permettent à peu près... de conclure mon achat. Avec les 5.000 ce serait parfait. Faites donc pour le mieux.

J'ai, bien entendu, le vif désir de dire au revoir à Louis avant son départ. Qu'il me fixe un rendez-vous (sauf mercredi). Je suis trop heureux, en échange de son bon procédé, de lui faire l'abandon du semestre d'intérêts qui se termine pour ces 10.000 francs déjà versés, de même que pour le surplus de 5.000 francs s'il peut me les procurer en ce moment.

Ne pas oublier de me donner l'adresse du fameux Berton qui reste silencieux, et j'espère bien, cher Monsieur, avoir le plaisir de déjeuner avec vous, de façon à vous remercier de votre activité personnelle en vous assurant de toute ma cordiale sympathie.

Marquis de Ferry.

Lettre de M. de Ferry à M. de Troismonts.

13, Rue Marsollier. *Paris, le 24 Oct. 08.*

CHER MONSIEUR,

Sans réponse de vous, je pense pourtant que nous avons le même désir de netteté au sujet des 5.000 fr. en question. Il importe donc que je sache avant mon départ quel est le parti auquel Louis s'arrête, si je puis aller le voir et à quelle heure, ou si nous devons nous rencontrer vous et moi à cet égard.

Dans ce cas, veuillez me fixer un rendez-vous.

Croyez, cher Monsieur, à mes meilleurs sentiments.

FERRY.

Lettre de M. de Ferry à M. de Troismonts.

Ferry-Guis, par St-Martin de Castillon (Vaucluse) *Le 15-3-09.*

Cher Monsieur,

J'ai reconnu votre écriture sur l'enveloppe du faire-part. J'avais écrit à Louis dès l'annonce du décès publiée par les journaux. Pas un mot de réponse. Auriez-vous l'obligeance de lui demander **(car il serait sans doute inutile et dangereux de le faire moi-même) à quelle date il pourra effectuer le paiement du surplus de l'Altaï (5.000 fr.).** Cela lui serait facile, surtout maintenant, et me rendrait grand service pour mon exploitation. Donc, pourquoi attendre ? et qu'attendre ?...

S'il ne m'oublie pas tout à fait, Louis doit bien penser que la vie nouvelle - et sévère ! - que j'ai adoptée ne peut s'organiser sans les plus grandes difficultés. En attendant les blés, je vends bien des moutons, des agneaux, et aussi des cochons, si j'ose dire - mais je n'en vends pas assez pour boucler mes frais.

Qu'il me vienne en aide puisqu'il le peut, et cette question de l'Altaï se trouvera ainsi réglée une bonne fois. Double avantage pour chacun.

Il devait aussi me donner l'exposé de votre affaire d'Amérique (dans le cas où j'arriverais à vendre ma propriété du Loiret), je vous avais écrit à ce sujet en Décembre. Excusez-moi d'avoir encore recours à vous. Mais le moyen de faire autrement ?...

J'espère que la fâcheuse grippe vous aura épargné, ainsi que votre petite famille et que vous êtes comme nous disions ou à peu près au collège, il y a déjà quelques années....

Ici il ne fait jamais que 5° de froid toutes les nuits, et les montagnes sont couvertes de neige.

Mes meilleurs sentiments, chér Monsieur, et dites à Louis que je trouve les siens un peu trop assortis à la température.

FERRY.

2° Le sieur Pichon emprunte à son ami M. de Laubespin.

Nota. — Non content d'emprunter à un M. Cellier, sous le nom de M. de Laubespin, de faire signer à M. et Mme de Laubespin 200,000 francs d'effets de complaisance (Opération Denigès) et de leur demander leur caution pour emprunter 250,000 francs à la " Norwich ", le sieur Pichon emprunte à M. de Laubespin des sommes dont l'importance peut surprendre : **plus d'un million et demi**, en outre de 100,000 francs empruntés à Mme de Laubespin mère.

Une grosse partie de ces sommes était due, d'ailleurs, par le sieur Pichon avant son mariage et cette dette avait naturellement été cachée à la famille Manca de Vallombrosa.

En 1908 et 1909, pour subvenir aux besoins du sieur Pichon, M. de Laubespin hypothéqua ses biens, son hôtel de la rue de l'Université, à Paris, et le château de Gouillon dans l'Ille-et-Vilaine. Le sieur Pichon le mit en rapport avec ses hommes d'affaires, un certain M. Siegler et M. de Vulpillières. M. Siegler mit en rapport M. de Laubespin avec un notaire du Havre, Me Hasselmann, et ce fut par l'intermédiaire de ce notaire que se contractèrent des emprunts hypothécaires successifs, dont le montant fut versé au sieur Pichon.

Lettre de M. de Vulpillières à M. de Troismonts.

NORWICH UNION LIFE INSURANCE SOCIETY. *Paris, 29 Février 1908.*

CHER MONSIEUR,

Voyant que M. Siclair (*sic :* Siegler) s'éternisait à Monte-Carlo, **j'ai réclamé le dossier du comte de L... à M. Gadobert** et pour pouvoir le retirer, j'ai dit que j'agissais suivant vos instructions.

Voici pourquoi j'ai fait cela. **Un de nos correspondants, à qui j'avais parlé de cette affaire, est venu me voir avant-hier, m'affirmant qu'un de ses amis était très désireux de prêter à votre ami la somme de 375,000 francs, qu'il avait une confiance absolue en lui, etc., etc.** La chose m'ayant paru très sérieuse, j'ai redemandé le dossier; on me promet une réponse vendredi prochain. Laissez donc les choses ainsi et si ça ne réussit pas, M. Siclair rentrera en possession du dossier, mais je crains qu'il ne fasse que 250,000 francs, ainsi qu'il l'a fait entrevoir.

Donc, pour le moment, j'ai dit à M. Gadobert que je prenais le dossier pour vous le remettre.

Je vous prie d'agréer, cher Monsieur....,

Signé : VULPILLIÈRES.

P.-S. — Et les renseignements de Bordeaux ?

Si M. Gadobert allait vous voir, veuillez ne pas me démentir.

Lettre de M. Siegler au sieur Pichon.

Monsieur le Baron,

Voici les termes de la lettre du notaire (sauf quelques particularités qui m'intéressent) :

« Aucune des pièces que vous m'avez envoyées ne relate la « contenance de la propriété de M. de Laubespin. Le renseignement « est pourtant d'une importance capitale. Voulez-vous avoir l'obli- « geance de m'envoyer un plan. »

Nous avons bien tous les renseignements, mais nous n'avons pas la description du terrain (superficie).

D'ailleurs le plan nous a été remis une première fois.

Le notaire ajoute :

« M. X... a refusé car il a estimé que la garantie pour les « 200.000 francs est insuffisante, mais je compte finir rapidement « d'un autre côté.

« Répondez-moi sur ces points demain. »

Veuillez agréer, Monsieur le Baron, l'assurance de mes sentiments très distingués.

Pr M. Siegler.

Signé : (illisible).

Lettre de M. Siegler au sieur Pichon.

20, rue de Grammont. *Paris, le 22 Juin 1908*

MONSIEUR LE BARON PICHON,

17, quai d'Anjou.

J'ai le plaisir de vous annoncer que mon notaire a vu M. de Laubespin chez lui samedi et que l'affaire sera signée cette semaine.

Veuillez agréer.....

Pr M. SIEGLER

(Ilisible).

Lettre de M. Siegler au sieur Pichon.

20, rue de Grammont. *Paris, le 26 juin 1908*

MONSIEUR LE BARON PICHON,

17, quai d'Anjou.

Après une longue correspondance et des coups de téléphone nombreux, je suis parvenu à décider le notaire de faire signer l'acte lundi.

Le notaire avait trouvé certaines clauses dans les titres de propriétés, clauses qui n'étaient pas à sa convenance. M. le Comte de Laubespin était présent à notre conversation téléphonique.

Veuillez agréer.....

Pr M. SIEGLER

(Illisible).

Lettre de M. Siegler au sieur Pichon.

Paris, le 6 Juillet 1908.

Monsieur le Baron Pichon,

17, Quai d'Anjou,

Je reçois une lettre de M. de la Vulpillière qui m'a beaucoup étonné.

Si dans la vie mondaine les potins sont un passe-temps dans les affaires c'est un grave ennui.

Il me dit :

« **Je viens vous informer que le notaire qui a passé l'acte de M. de L.... s'est excusé auprès de lui de la commission excessive qu'il lui retenait, et il aurait ajouté qu'une partie de cette commission revenait au Baron Pichon.** »

Si ce n'est pas un malentendu, c'est une impossibilité, puisque le notaire me réclame à peu près ce qui lui est légalement dû.

Il n'avait donc pas besoin de prononcer cette phrase.

Ne l'ayant pas vu et ayant parlé seulement à M. de Laubespin, qui peut vous informer de ma conversation, **je ne suppose pas que cette parole ait pu venir de moi.**

Je crois donc que les paroles du notaire doivent être mal comprises.

Veuillez agréez...

P. M. SIEGLER,

(Illisible.)

P.-S. — Le notaire m'informe à présent que M. de Laubespin a touché ses fonds. C'était le principal. Je suis content de cette fin heureuse. Je suppose que tous ces potins à côté sont imputables au nombre des parrains que j'avais dans cette affaire.

Vous m'excuserez de vous ajouter ces quelques lignes mais je suis sûr que s'il n'y avait que M. de la Vulpillière (que je regarde comme un excellent homme) et moi, tous ces ragots n'auraient pas eu lieu.

Lettre de M. Siegler à M. de Vulpillières.

3, avenue de l'Opéra. *Paris, le 6 Juillet 1908.*

Monsieur DE LA VULPILLIÈRE,
Directeur de la Compagnie d'Assurances
La Norwich Union

MONSIEUR LE DIRECTEUR,

J'ai reçu votre honorée et me permets de vous dire que c'est la première fois que j'entends des bruits enfantins courir dans une affaire.

Cela vient probablement qu'il y a trop de parrains pour cette affaire.

Je réponds nettement à toutes ces allégations.

1° Je n'ai pas causé au notaire, une seule fois pendant toute la négociation de l'affaire.

Donc tout ce que vous me dites m'étonne autant que vous.

2° Les frais de l'acte notarié sont, pour un notaire en province à peu près ce qui est légalement dû.

Qu'avait-il besoin alors de s'excuser? ou insinuer? J'ai fait connaître à tout le monde qu'on me retourne la moitié de la commission.

Je l'ai écrit au Baron Pichon et à Monsieur de Laubespin.

Ayant seulement travaillé cette affaire sans perdre de paroles à côté, je suis étonné comme vous-même des potins à ce sujet et dont j'ai la plus profonde horreur.

Veuillez agréer.....

P. M. SIEGLER.

(Illisible)

P.-S. — Mon secrétaire vient de me dire à l'instant même qu'au commencement de l'affaire quand le notaire est allé voir directement Monsieur de Laubespin, et avant que nous ayions notre bon de commission et afin de sauvegarder l'assurance que vous désiriez tant faire, il a écrit au notaire à peu près dans ce sens.

« **Pourquoi nous laissez-vous de côté ? Nous avons une** « **responsabilité envers les personnes qui nous ont remis cette** « **affaire.**

« **Qu'avons-nous l'air devant eux, étant responsables de** « **leurs pièces et commissions, etc**..... »

Mon secrétaire a été de bonne foi.

Est-ce qu'il y a eu conversation entre le notaire et M. de Laubespin ? Dans ce cas-là, **ce dernier** (même avant que je le fais à l'instant même) **aurait dû, puisqu'il en causait, dissiper le malentendu du notaire au sujet du Baron Pichon.** J'ajoute tout cela pour m'expliquer cette lettre bizarre que vous m'avez écrite.

P.-S. — **Le notaire m'informe à l'instant même que Monsieur de Laubespin a touché les fonds.**

A. G.

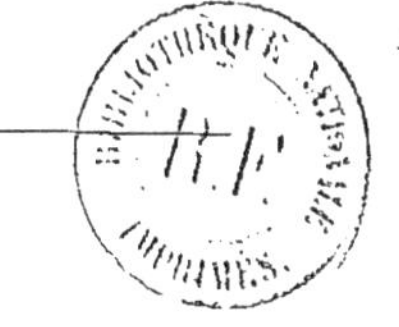

Lettre de M. Siegler à M. Pichon.

20, rue de Grammont. *Paris, le 18 Juillet 1908.*

MONSIEUR LE BARON,

Je vous serai très obligé de me dire avant de partir si vous avez l'intention de faire la 2me affaire de Monsieur de Laubespin et dans ce cas m'envoyer les pièces réclamées.

Veuillez agréer.....

P. M. SIEGLER.

(Illisible)

Lettre du sieur Pichon à M. de Troismonts.

Hotel Saratz (Pontresina) *Pontresina, le 18 Juillet 1908.*

Mon Vieux,

Laubespin qui vient de partir pour l'Angleterre m'écrit à la date du 13 Juillet **qu'il a reçu du notaire du Havre l'acte hypothécaire dressé par ledit notaire ;** il demande ce qu'il faut en faire ? Tu n'as donc pas écrit à Laubespin comme je t'avais demandé de le faire le lendemain même de mon départ pour lui demander de t'envoyer cette copie..? Tu es bien embêtant de ne pouvoir jamais faire les choses comme nous en convenons !!! Je viens d'écrire à Laubespin pour lui demander de te l'envoyer à Paris, mais ma lettre va courir après lui en Angleterre et je ne sais quand il enverra ce document. S'il l'a emporté avec lui nous pouvons l'avoir dans quelques jours sinon pas avant le commencement d'Août et Siegler sera sinon parti en vacances, du moins sur le point de partir.

Bref va tout de suite voir Siegler et Vulpillières et dis leur que Laubespin t'enverra cette pièce dès son retour d'Angleterre et que tu la leur porteras aussitôt. Quand Laubespin te l'enverra donne à Siegler une copie, à Vulpillières une copie et garde à la maison la minute du notaire du Havre.

N'oublie pas qu'il faut que Siegler et Vulpillières marchent rapidement et chacun de leur côté tout en s'ignorant. En allant les voir demande leur à chacun où ils en sont de leurs démarches.

La dernière fois que j'ai vu Vulpillières, il devait faire visiter le lundi suivant, c'est-à-dire lundi dernier, l'immeuble au prêteur éventuel M. Jappy qui devait donner une réponse lundi prochain c'est-à-dire après-demain. Demande donc à Vulpillières **toujours de la part de Laubespin** où en est cette réponse :

Siegler m'avait dit qu'il ne commencerait ses démarches qu'après avoir reçu la copie de l'acte du notaire du Hâvre. Tu vois le retard que tu nous vaux.

Si Siegler où Vulpillières avaient de bonnes nouvelles dis à Vulpillières ou à Siegler que tu les transmettras à Laubespin et transmets-les moi téléphoniquement car il ne faut sous aucun prétexte arrêter le notaire du Havre, et Laubespin l'arrêterait certainement s'il pensait que cela puisse réussir à Paris...

Affection,

Louis.

Lettre de M. et Mme Pichon à M. de Troismonts.

Pontresina, 23 Juillet 1908.

(De la main de Mme Pichon) :

MON CHER TROISMONTS,

Louis me charge de vous envoyer la copie de la lettre qu'il envoie à Laubespin.

« En ce qui concerne Vulpillières et Siegler, voici exactement la situation telle qu'elle était lorsque j'ai quitté Paris et je croyais bien vous avoir écrit et télégraphié ce qui en était :

« *a)* **Vulpillières prétend avoir trouvé un prêt de 375,000 francs à un taux inférieur à 5 %, mais à Paris ;** il ne m'a pas dit si on ne demandait pas une assurance sur la vie. Dans l'idée de Vulpillières on remboursait les 160.000 francs des demoiselles Normand et les 375.000 francs du nouveau prêteur seraient inscrits en première hypothèque. J'ai répondu à Vulpillières de faire tout son possible pour arriver à éviter l'assurance sur la vie, qui serait très lourde à payer annuellement ; j'ajoutais que cette année serait « particulièrement lourde » puisque si cette opération réussissait on perdrait en remboursant les 160,000 francs : 1° les frais du notaire du Havre ; 2° la commission Siegler. J'ai surtout dit cela à Vulpillières pour qu'il tâche d'éviter l'assurance et d'ailleurs il n'a plus l'air d'en parler ;

« *b)* **Siegler attendait pour continuer les démarches, la copie d'acte dressée par Hasselmann** (Vulpillières d'ailleurs le réclame aussi depuis longtemps). J'ai répondu à Vulpillières et Siegler que je ferai mon possible pour que vous leur envoyiez la copie en question avant votre départ pour l'Angleterre, mais que si vous n'aviez le temps avant, vous le feriez certainement à votre retour.

« Puis comme les distances sont grandes pour causer rapidement j'ai prié Troismonts de vous écrire pour vous prier de lui envoyer la minute de l'acte dressé par Hasselmann et dès qu'il l'aurait reçue de le faire taper à la machine en double, pour remettre un exemplaire à Vulpillières et un à Siegler de votre part. La minute serait restée à la maison dans le cas où vous en auriez eu besoin.

« Siegler ne m'a pas donné les conditions du taux, se retranchant derrière le fait qu'il n'avait pas la copie de l'acte Hasselmann et qu'il ne pouvait procéder à aucune démarche tant qu'il ne l'aurait pas, mais il m'a formellement dit que la commission ne serait que de 3 °/₀.

« N'oubliez pas ce détail, si vous voyez Siegler et Vulpillières, qu'ils ne savent ni l'un ni l'autre qu'ils cherchent tous les deux, et ils doivent l'ignorer. J'avais également dit à Troismonts de réclamer à Vulpillières la copie de tout le dossier que j'ai constitué et dans lequel se trouvent les baux. A Vulpillières dans lequel j'ai toute confiance, on peut laisser les originaux, et remettre les copies à Siegler. Je pense que Troismonts aura fait tout cela, il ne manquera donc plus que la copie de l'acte Hasselmann.

« **Si vous allez à Paris, je vous conseille vivement de vous faire accompagner chez Vulpillières et chez Siegler par Troismonts**, car outre qu'il vaut mieux être deux pour traiter, Troismonts a vu ces temps-ci Vulpillières et Siegler, et il vous mettra mieux ainsi en garde par sa présence contre un faux-fuyant ou un prétexte inventé peut-être pour nous endormir.

« La morale de tout ceci est que l'un et l'autre voudraient bien faire l'affaire, mais je crains bien qu'ils n'y arrivent pas, du moins avant bien longtemps : Vulpillières parce que son chiffre me paraît fort, étant donné tout ce qu'on a dit, Siegler parce que le complément qu'il propose, environ 140,000 francs, viendrait en troisième hypothèque, enfin l'un et l'autre parce que tout le monde est actuellement en vacances..... »

(De la main du sieur Pichon) :

Voici la lettre que je viens d'envoyer à Laubespin ; tu seras ainsi tout à fait au courant de tout ce que je lui ai dit et tu verras que je l'engage à aller chez Vulpillières et chez Siegler avec toi, surtout fais tout ton possible pour le détourner adroitement quant à présent de ces deux opérations, parce que Hasselmann est prêt à faire l'opération immédiatement sur Gouillon, tandis que nous risquerions de droguer avec la rue de l'Université, qui pourrait d'ailleurs être faite également plus tard, mais naturellement inutile de laisser entrevoir cette perspective à Laubespin, et d'autre part la situation va être très délicate, car il ne faut casser ni avec Vulpillières ni avec Siegler et il faut que Laubespin conclue immédiatement avec Hasselmann ; le mieux serait donc qu'il n'aille ni chez Vulpillières ni chez Siegler et que toi au contraire après leur avoir fourni tous les renseignements nécessaires tu conserves le contact avec eux en les poussant à réussir l'opération.

Je pense que tu m'as compris et que tu agiras adroitement.....

A toi de tout cœur.

Signé : Louis.

Lettre de M. Siegler au sieur Pichon.

20, rue de Grammont. *Paris, le 23 Juillet 1908.*

Monsieur le Baron Pichon,
17, Quai d'Anjou.

J'attends toujours le dossier, soyez donc assez aimable de me dire par un petit mot et par courrier **si vous faites l'affaire.**

Veuillez agréer...

P. M. Siegler
(Illisible).

Lettre de M. de Vulpillières au sieur Pichon.

24 Juillet 1908.

Cher Monsieur,

L'affaire de L. marche très, très bien. M. Tracol a trouvé dans les pièces des arguments pour répondre victorieusement à l'objection touchant l'usufruit, mais je suis arrêté par le fait que le notaire me demande la copie de l'acte du Havre (copie sur papier libre). J'ai demandé cette copie à M. de L. ; mais pas de réponse. Voulez-vous présenter mes respectueux hommages à la Baronne Pichon, et agréer pour vous mes dévoués sentiments.

Signé : de Vulpillières.

Faites-moi renvoyer cette copie, je vous en prie. Le notaire du Havre ne peut s'y refuser.

Lettre du sieur Pichon à M. de Troismonts.

Pontresina, 28 Juillet 1908.

Mon Vieux,

..... **8/ N'oublie pas que ce soit absolument H...... qui fasse l'hypothèque sur les propriétés de Gouillon. Laubespin ne demande pas mieux** et comme il n'y a aucune clause qui rende cette hypothèque infaisable immédiatement, **il faut à tout prix bien préciser, comme venant de toi, à Laubespin, que Vulpillières et Siegler semblent bien hypothétiques.** C'est de la plus grosse importance pour nous

Affection.

Louis.

Lettre de M. Siegler au sieur Pichon.

20, rue de Grammont. | *Paris, le 1er Août 1908.*

Monsieur le Baron Pichon,

17, Quai d'Anjou.

Nous attendons toujours l'acte de Me Hasselmann.

Ce retard nous fait croire que ce dernier désire peut-être faire le complément de votre hypothèque lui-même.

De notre part, cela serait indiscret de lui demander un renseignement à ce sujet, sans votre autorisation ; mais **dans le cas où vous feriez une affaire avec lui, je compte sur votre loyauté pour m'envoyer, sur ce supplément, une commission de 2 1/2 % que je crois certainement bien avoir méritée, dans votre affaire si difficile à placer.**

Veuillez agréer...

P. M. Siegler
(Illisible).

Télégramme du sieur Pichon à M. de Troismonts.

STMORITZDORF, à Paris. *1er Août 1908.*

As-tu pensé dire à Pierre te remettre trente qui sont censés gardés par lui; excessivement important fera bien aller Havre lui en parler, je lui donnerai à part reçu personnel et surtout qu'il n'en parle pas.

LOUIS.

NOTE : Le sieur Pichon télégraphie à son ami M. de Troismonts de voir M. de Laubespin afin que ce dernier distraie de l'emprunt qu'il vient de contracter pour les besoins de son ami le sieur Pichon une somme de 30.000 francs. Cette somme qui fera l'objet d'un versement spécial au sieur Pichon, à l'insu de sa femme, lui servira à éteindre des dettes ou à payer les intérêts de dettes antérieures au mariage et qu'il veut cacher à sa femme (Marquis de Ferry, etc.). Cf. Lettre du sieur Pichon, page 117.

Lettre du sieur Pichon à M. de Troismonts.

Saint-Moritz, 7 Août 1908.

MON CHER VIEUX,

.... **Au sujet du dossier de Pierre, ne laisse pas l'affaire se casser avec Vulpillières, je viens de te télégraphier à ce sujet aussi clairement que je le pouvais, surtout ne laisse pas Vulpillières rompre avec le notaire de Reims, sans cela la situation serait très critique pour nous, arrange-toi d'autre part pour ne pas aller au Havre tant que tu n'auras pas de solution avec Vulpillières car autant après il te sera facile de voir Pierre, quand je lui aurai écrit, autant avant cela serait délicat pour toi...**

Affections,

LOUIS.

Télégramme du sieur Pichon à M. de Troismonts.

Saint-Moritzdorf à Paris, 7 Août 1908.

Va Havre **obtiens Pierre te charger me dire garde trente pour lui. Il préfèrera probablement te charger commission que m'écrire essentiel est qu'il ne se coupe pas s'il m'écrit** surtout pousse bien Vulpillières avec Reims.

NOTA. — Cf. télégramme du 1er août, page 108.

Lettre du sieur Pichon à M. de Troismonts.

Saint-Moritz, 19 Août 1908.

Mon cher Vieux,

.... 16° Ne t'endors pas dans les délices de Capoue, je veux dire **vois à ce que Hasselmann verse rapidement ce qui reste à verser, j'avais dit dans une précédente lettre à Laubespin que nous avions besoin de cet argent pour le 15 Août, nous voici le 20 et je n'ai aucune nouvelle.**

17° **Ne cane pas avec Vulpillières qui, à mon avis, peut très bien faire quelque chose sur l'hôtel de la rue de l'Université et cela d'autant plus aujourd'hui qu'un notaire a fait un premier acte. Pousse sérieusement Siegler car le moment approche où j'aurai besoin de fonds et si nous ne travaillons pas sérieusement cette question pendant les vacances, nous risquons d'être pincés en novembre ou décembre...**

Affection,

Signé : Louis.

Lettre du sieur Pichon à M. de Troismonts.

St-Moritz, *21 Août 1908.*

Mon Cher Vieux,

..... Ne trouves-tu pas extraordinaire que l'affaire de Pierre qui devait se conclure à Reims, se conclue maintenant à Angers? Assure-toi bien sérieusement que Vulpillières s'en occupe sérieusement et pousse-le tant que tu pourras, sans caner. Lui as-tu remis la copie de l'acte Hasselmann?.....

Affections.

Signé : Louis.

Carte Postale du sieur Pichon à M. de Troismonts.

Reçois à l'instant ta lettre du 27 Août. Nous t'attendons donc avec joie jeudi prochain; si tu pars mercredi soir, tu devrais arriver à midi 40, dis-moi si c'est cela de manière à ce que nous allions te prendre à la gare.

.... Tâche aussi avant ton départ d'avoir quelque chose de ferme en ce qui concerne Vulpillières, et si ce dernier ne marche pas, vois Siegler, ce serait bien ennuyeux de n'arriver à rien de ce côté.

J'espère que tu n'auras pas eu d'embêtements avec Pierre et que tu auras pu obtenir ce que je t'ai demandé. As-tu vu les Normand? un petit mot à ce sujet si tu as le temps me ferait plaisir.....

Bien affectueusement,

Louis.

Lettre du sieur Pichon à M. de Troismonts.

HÔTEL ROYAL DANIELI (Venise). *Ce 28 Septembre 1908.*

MON CHER VIEUX,

Notre grand-père n'arrivant que le 1er Octobre à Aix, nous n'y arriverons que le 31 courant, adresse donc tes lettres à l'hôtel Bernascon à partir de cette date, nous y séjournerons de 12 à 15 jours.

J'attends avec impatience la réponse de ton notaire, qui devait avoir lieu la semaine dernière, d'après la lettre que tu m'as écrite à . Ne manque pas de me répondre à ce sujet au reçu de ce mot, à Bernascon. **Si ton notaire ne marche pas, penses-tu réussir avec les notaires de ton oncle. Tu sais combien cette question est grave pour nous,** apportes-y tous tes soins je t'en prie....

Approfondis bien la question des Motor-cab avec Berthoud, j'ai vu, à la dernière cote, qu'elles étaient à 27 francs; c'est impossible, étant donné les renseignements que m'avait donnés Berthoud ou plutôt Courvoisier, ou alors c'est qu'il y a quelque chose qu'ils ne veulent pas dire.

As-tu relancé Vulpillières et Siegler pour maison Pierre? J'espère que tu n'as pas abandonné ces deux cordes si importantes pour nous. Si ton notaire réussissait pour Lauzun, tu pourrais peut-être te réserver ceux de ton oncle pour la maison de Pierre....

Affectueusement,

L...

Lettre de M. de Laubespin au sieur Pichon.

13, QUAI D'ORSAY. *4-10 1908.*

MON CHER LOUIS,

La dépêche de Geneviève vous a appris notre heureuse arrivée à Paris, j'espère dans quelque temps vous annoncer la pareille heureuse arrivée du gosse.

Pour aujourd'hui, je me vois encore obligé de vous parler affaires, ne croyez pas que ce soit pour mon plaisir, je préférerais de beaucoup que tout cela soit liquidé, mais malheureusement je crains que mon désir ne se réalise pas avant plusieurs années :

1° J'ai reçu du Hâvre le total des intérêts à payer au **30 Octobre** date fixée, cette somme se monte au total de **4.102** fr. **50**. Les autres trimestres seront un peu plus élevés, les intérêts courant pour les trois mois entiers.

20 janvier, 20 avril, 20 juillet : total 4.159 fr. 40.

2° **Ma mère m'a déjà demandé si vous ne pourriez pas lui rendre les 100.000 francs qu'elle vous avait prêtés pour 3 mois, il y a plus d'un an, elle a ajouté que vous n'aviez pas payé d'intérêts.** Je lui ai répondu que je tenais son compte et que je vous réclamerais tous les intérêts qu'elle avait elle-même payés au Crédit.

3° Pour mémoire, **je vous rappelle encore que j'ai absolument besoin d'argent**, vous m'aviez dit il y a quelque temps que Troismonts devait m'en envoyer, je n'ai rien reçu. Par la lettre que je viens d'écrire à Pottier, je vois que vous avez touché 28.000 francs, je voudrais bien en avoir un peu, n'oubliez pas qu'une partie des intérêts que vous me devez vont à ma mère, je n'ai naturellement pas pu les lui payer, je sais qu'elle s'inquiète du **soi-disant prêt fait à Demmé, il me faut donc absolument de l'argent**; de plus je n'ai pas fini de payer les travaux faits il y a trois mois à mon hôtel et les entrepreneurs demandent de l'argent. Voyez donc, mon cher Louis, à m'envoyer au moins un terme et demi, sinon les deux que vous me devez.

Le beau temps doit vous inviter à rester à la campagne, cependant j'espère que vous rentrerez bientôt à Paris, nous pourrons causer sérieusement ensemble.

Je vous embrasse tendrement, mon cher Louis, et vous prie de ne pas m'oublier auprès d'Athénaïs.

PIERRE.

Le sieur Pichon au comte de Troismonts (1908)

MON CHER VIEUX,

Deux mots au galop parce que ma femme m'attend à l'hôtel.

Je te communique le mot que je viens de recevoir de Pierre, comme Andrieux a téléphoné à ma femme qu'il aurait le dossier ce matin, veux-tu t'assurer qu'il est bien au complet et si oui va voir Pierre immédiatement pour lui remettre :

1° Dix mille francs ;

2° Pour lui dire que je lui demande instamment d'attendre mon retour à Paris pour arranger ensemble **toutes les dates d'échéances**, mais que comme elles sont un peu confuses dans mon esprit **pour le moment, je risquerais de me tromper en donnant certaines explications à ma femme d'autant qu'il y en a que je ne veux pas lui donner.....**

3° Qu'il n'ait aucune inquiétude pour les intérêts de Hasselmann, que nous avons pris nos dispositions en conséquence, mais là il y a quelque chose que je ne comprends pas du tout : **le premier trimestre des 160.000 francs prêtés à Trouville début de Juillet** ne peuvent pas faire 4.102.50 !!! je suppose alors que Hasselmann doit retenir les intérêts de l'hypothèque prise sur Gouillon puisque l'échéance du trimestre n'arrive qu'en Novembre, alors qu'est-ce que c'est que ces 4.102 fr. 50 ? **Surtout que ni lui ni toi ne m'écriviez à ce sujet** mais comprenez bien la situation et nous en parlerons de vive voix à mon retour.

Par la même occasion veux-tu demander à Pierre de préparer pour le 15 courant **un petit tableau où il inscrira le résumé de**

toutes les sommes prêtées par lui et par sa mère ainsi que les intérêts et les dates de paiement de ces intérêts ; il m'a donné ces comptes en plusieurs fois mais je ne les ai jamais eus en un tableau et il faut que j'en aie un pour m'y reconnaître. Si cela l'embête dis-lui que nous le ferons tous les deux dès mon retour ; je le donnerai à Andrieux pendant notre absence et de cette manière il n'y aura pas d'à-coup: inutile de lui dire que je le donnerai à Andrieux et surtout que nous avons des projets de départ, cela l'effraierait à cause de sa mère et il faut que je l'y prépare moi-même en faisant ressortir les avantages de la chose, ne parle pas non plus de ton départ. **Dis que tout va très bien, que nous venons d'avoir la commande de 3 à 4 appareils encore et que l'Amérique du Sud avance lentement, il est vrai, mais avance tout de même.**

Explique-lui bien les avantages de notre société en commandite, surtout qu'il ne s'effraie pas et fais préparer par Delayen les modèles de lettres qu'il aura lui et ton beau-frère à **me** signer et que je lui ferai signer dès mon retour, n'oublie pas de faire signer à ton beau-frère la carte-lettre **en même temps que l'acte d'association.**

4° Si Pierre te parle des 100.000 francs que je dois à sa mère en te demandant par exemple si tu sais où en est l'héritage de ma grand'mère ou de ma grand'tante, réponds évasivement que tu n'es pas très au courant mais que cependant tu as été voir il y a quelque temps le premier clerc de Ragot au sujet de ma grand'mère et que celui-ci t'a répondu qu'il y en avait bien encore pour 18 mois. De cette manière, sans dire que c'est terminé ou pas terminé pour ma grand' tante il en déduira peut-être que ce n'est pas encore terminé pour ma grand'tante.

S'il ne te parle pas de cette question, tu pourrais peut-être très adroitement lui faire entendre de toi-même que tu sais que

l'année prochaine je toucherai l'héritage de ma grand'mère. Il te répondra probablement à cela : « Comment l'année prochaine ? » Tu lui diras : « Mais, certainement, c'est le premier clerc qui me l'a dit. » Il te demandera alors : « Savez-vous pour sa grand'tante ? » Tu répondras : « Je ne sais pas pour sa grand'tante mais ce ne doit pas être encore fini, c'est vous savez très long quand il y a plusieurs héritiers à des degrés divers ou qu'il y a des difficultés et il y en a peut-être du fait de son oncle le Marquis de Miramon qui est déjà la cause du retard pour sa grand'mère ». Tu pourrais peut-être ajouter que toi qui as perdu ton beau-père il y a 18 mois c'est loin d'être fini.

Bref il faut tout simplement gagner un peu temps sans le décourager et sans lui donner l'idée d'aller aux renseignements chez Ragot...

Enveloppe :
Comte de Troismonts,
21, Quai Bourbon, Paris.

Lettre du sieur Pichon à M. de Troismonts.

Aix-les-Bains, 5 Octobre 1908.

Cher Vieux,

..... 3° Est-ce que le dossier Laubespin était bien complet ? **Ne rends à Pierre que son contrat ou le moins possible car il y a des tas de pièces qu'il ignore, puisque c'est nous qui nous les sommes procurées**....

Affectueusement,

Louis.

Lettre de M. de Laubespin à M. de Troismonts.

Château de Gouillon, Miniac-Morvan, (Ille-et-Vilaine) *2.-1.-09*

Cher Monsieur,

Ne sachant où trouver Louis, je vous serais obligé de me dire si par hasard il ne vous a pas laissé un peu d'argent pour moi ? Il a écrit à Mme de Laubespin qu'il comptait venir passer les fêtes du Noël Russe à Paris. Savez-vous s'il mettra ce projet à exécution ? Je dois être le 7 à Berne et je pense passer la journée du 8 à Paris. Pourrai-je vous voir ? Si par hasard Louis était là j'en serais bien heureux. Veuillez me répondre le plus tôt possible, je pars d'ici le samedi 6 à 8 heures du matin.

Bien à vous,

Laubespin.

Télégramme de Mme Pichon au sieur Pichon.

PICHON (Europe Hôtel), *Saint-Pétersbourg.*

Espagne règlera fin mois Hollande beaucoup plus tard. **Pierre propose Gouillon ou Université avec Hasselmann. Faut-il que Charles aille le voir ou attende ton retour.** Masson pas encore arrivé.

Lettre de M. de Laubespin à M. de Troismonts.

MINIAC-MORVAN *9.-1.-09*

CHER MONSIEUR,

Auriez-vous l'obligeance de remettre cette lettre à Louis en mains propres et sans témoins. Je vous serai aussi reconnaissant de me tenir au courant des démarches que vous allez faire. Athénaïs aimant peu écrire, j'ai peur qu'elle ne me fasse attendre longtemps des nouvelles que j'ai hâte de recevoir.

Bien à vous,

Signé : LAUBESPIN.

NOTA. — Cf. la lettre suivante. On comprendra facilement pour quelles raisons Mme Pichon devait rester dans l'ignorance de la lettre de M. de Laubespin.

Lettre de M. de Laubespin au sieur Pichon.

CHATEAU DE GOUILLON, MINIAC-MORVAN (Ille-et-Vilaine). 9.-1.-1909.

MON CHER LOUIS,

..... Devant le refus de Rosière, nous avons envisagé avec Athénaïs **comment vous procurer les 200.000 francs qu'il vous faut; elle m'a demandé, si sur l'hôtel on ne pourrait pas trouver encore 200 ? Je ne le crois pas, étant donné qu'il y a déjà 160.000 première et deuxième hypothèque,** néanmoins, je lui ai rendu hier tous les titres, elle veut essayer près d'une Banque dont elle n'a pu me dire le nom, mais qui a la spécialité de ces prêts.

Je crois que la seule personne qui puisse faire quelque chose est Hasselmann; je suis même disposé, je l'ai dit à Troismonts, à prêter sur Gouilon en deuxième hypothèque, si cela est plus facile que sur l'hôtel, toujours par Hasselmann. Si ce dernier peut trouver la somme, Geneviève et moi nous ferons le voyage de Gouillon au Havre pour la signature de l'acte, je vous avoue franchement que cette perspective n'est pas réjouissante. Si vous demandez ces fonds à Hasselmann, je tiens à ce que vous alliez vous-même lui exposer l'affaire, afin qu'il en comprenne bien tout le sérieux.

Je vous dis tout ceci, mon cher Louis, **afin que vous soyez bien convaincu que je suis prêt à faire encore cet effort pour vous, mais, franchement, ne pourriez-vous insister un peu près de votre grand-père ? Athénaïs m'a dit hier, qu'il venait de vous avancer un million et qu'elle n'osait lui demander plus ; mais si**

elle savait que vous m'en devez 1 1/2, elle aurait peut-être encore moins osé s'adresser à moi. Votre grand-père, qui mieux que personne, doit comprendre la beauté de cette affaire, ne vous la laisserait peut-être pas manquer pour 200.000 francs, une bagatelle pour lui.

Ne pourriez vous trouver quelque chose sur votre hôtel? Athénaïs croit qu'il faudrait trouver sur Lauzun la somme totale et pour cela rembourser l'assurance. Hasselmann qui a souvent beaucoup de capitaux pourrait peut-être trouver la somme.

Enfin comme dernier moyen, je suis passé hier au Crédit industriel demander quelle somme ma mère pourrait encore emprunter sur les titres déposés par elle ; il reste 100.000 fr. S'il fallait en arriver là, il resterait toujours de votre côté à en trouver autant. Puis voudrait-elle ?

Voilà, mon cher Louis, toutes les réflexions que je me suis faites cette nuit en revenant à Gouillon ; de tous côtés des points noirs. Marguerite de la Sayette demande pour Octobre qu'on lui fasse vendre au moins 100 Parts Berne à 285 soit 28.500 francs, elle veut acheter en Anjou une ferme qui touche ses terres ; son fils me redemande encore de lui racheter les 10 Parts qu'il possède, et, hélas, m'envoie tout un questionnaire mais lui au moins ne veut pas vendre ; où trouverons-nous 28.000 francs pour les La Sayette ? ?. . .

Je vous quitte mon cher Louis, mais je vous assure que les débuts de cette année ne sont pas roses, je voudrais bien être plus vieux de quelques semaines ; mais si tout doit mal tourner, quel gouffre !

Je vous embrasse tendrement,

PIERRE.

Lettre du sieur Pichon à sa femme,

Saint-Pétersbourg 31-13 1909
(31 Janvier 1909).

.... **Crois-tu vraiment que la maison de Pierre réussisse avec les gens de Troismonts. Je ne crois pas Troismonts heureux sous ce rapport là et mieux aurait valu en causer avec Hasselmann en proposant les deux immeubles Université et Gouillon à la fois.** Si quelque chose se décide jeudi télégraphie-moi.

Lettre de Me Hasselmann, notaire au Havre à M. de Troismonts.

HASSELMANN, Notaire
5, rue de la Paix.

Le Havre, le 5 Avril 1909

MONSIEUR LE COMTE,

D'après les obligations, les emprunteurs ont le droit de se libérer par anticipation en prévenant trois mois à l'avance et en payant en outre une indemnité de trois mois d'intérêts. Les prêteurs tiendront d'autant plus à l'exécution de cette clause, que le placement est tout récent.

Lorsque le remboursement anticipé sera chose complètement décidée, veuillez m'en avertir par lettre. M. le Comte de Laubespin m'écrit à la date du 2 avril qu'**il n'est pas certain que l'affaire du prêt de 300.000 francs se concluera.**

Je suis épouvanté à la pensée des frais énormes et frustatoires que cette opération va occasionner à l'excellent M. de Laubespin. Songez donc ! L'hôtel est actuellement grevé de 240.000 francs et Gouillon de 215 ou plus exactement sur les 240.000 francs grevant l'hôtel, les derniers 80.000 francs reposent également sur Gouillon. Mais il n'en faudra pas moins pour dégrever complètement l'hôtel, rembourser 240.000 fr. Quels frais pour obtenir un maigre supplément de prêt de 60.000 fr. !

Enfin ! je serai disposé à faire tout ce que je pourrai pour être agréable à M. de Laubespin.

Veuillez agréer,

HASSELMANN.

Monsieur le Comte DE TROISMONTS.

Lettre de Me Hasselmann à M. de Troismonts.

A. Hasselmann, notaire (Le Havre). *8 Avril 1909.*

Monsieur le Comte,

Je m'étais déjà fait moi-même le raisonnement contenu dans votre lettre. C'est vous dire que je suis loin d'en méconnaître la justesse. Mais j'étais loin aussi, lors des premiers pourparlers, de m'attendre aux difficultés et aux nombreux refus auxquels je me suis heurté finalement et qui m'ont mis dans l'impossibilité matérielle de prêter la somme originairement demandée.

Il n'en reste pas moins vrai, comme vous le faites remarquer, que la signature du baron Pichon a sa valeur, et cette considération me permettra sans doute d'obtenir de M. l'abbé Foache, intéressé pour 50,000 francs dans le dernier prêt, qu'il donne mainlevée sur l'hôtel. Quant à Mme Amy, créancière pour 30,000 francs, il faut la rembourser. C'est un petit sacrifice.

Si M. de Laubespin avait pu se contenter d'une trentaine de mille francs je les lui aurais prêtés personnellement, avec la signature du baron Pichon. Cela lui aurait évité une vingtaine de mille francs de frais inutiles. Mais auprès des clients, je ne peux plus rien espérer. L'éloignement et l'inconnu de la terre de Bretagne les effraie.

Veuillez agréer.....,

Signé : Hasselmann.

Lettre de "Norwich" à M. de Troismonts.

NORWICH-UNION. *Paris, 22 Avril 1909.*

CHER MONSIEUR,

M. Grot que je viens de voir m'a dit avoir vu le clerc du notaire qui doit passer l'acte de M. de L... **Il m'a confirmé que l'affaire était absolument décidée et certaine et que l'acte serait passé incessamment**. M. de L... en a dû avoir la confirmation s'il est allé voir le notaire.

Puisqu'il doit s'absenter de Paris pour quelque temps, le mieux serait, comme vous me le disiez ce matin, qu'il vous laisse sa procuration ; de la sorte tout pourrait se régulariser ces jours-ci je pense.

Veuillez agréer.....

Signé : Illisible.

Léttre de M. de Laubespin à M. de Troismonts.

5-11.05.

CHER AMI,

Merci pour les 10.000 francs arrivés à bon port ce matin. Comme par hasard le compte n'était pas tout à fait exact, Louis m'en devait 11.000. Espérons que le dernier mille viendra.

LAUBESPIN.

Lettre de M. de Laubespin à M. de Troismonts.

4 Février 1910.

Mon cher Ami,

Ne sachant pas l'adresse de Louis à Lausanne je vous serais bien reconnaissant si vous pouviez me donner quelques renseignements précis sur les affaires.

En novembre dernier Louis m'avait formellement promis pour janvier ou février **au plus tard** le remboursement des sommes dues à ma mère. Vous devez même vous souvenir que vous m'aviez également affirmé qu'il réunissait cette somme dans cette intention. Or, dans une lettre qu'il a écrite hier à Mme de Laubespin en réponse à une de moi, il ne parle que de régler les intérêts et ceux de ma mère.

Je vous serais donc bien reconnaissant si vous pouviez me dire où en sont actuellement les affaires de Russie et autres car je vous avoue que vivant depuis des années d'espoir et de promesses qui ne se réalisent jamais, je commence à perdre confiance d'autant qu'il est impossible qu'avec l'héritage de M. de Hauffmann Louis ne puisse se remettre à flots.

J'espère que vous n'êtes plus inondé et que vous allez pouvoir reprendre pied sur la terre ferme.

Croyez-moi, cher Ami, bien sincèrement à vous.

Laubespin.

Projet (de la main de M. Pichon) d'une lettre que le sieur Pichon voulait faire adresser par M. de Troismonts à M. de Laubespin, en réponse à la lettre de ce dernier (4 février 1910).

Mon cher Ami,

Je regrette bien vivement d'avoir manqué votre visite à Paris; si vous m'aviez prévenu plus tôt, je serais certainement allé vous voir ; comme vous le voyez par l'en-tête de ma lettre, je suis venu installer à Lausanne ma femme et ma petite fille qui est loin encore d'être remise de sa dernière bronchite. Je pensais aller à Arcachon mais comme les médecins ont prescrit à Louis de venir à Lausanne pour l'accouchement d'Athénaïs, et que l'air est excellent ici, j'ai pensé qu'en installant mon monde ici cela simplifierait notre vie d'affaires.

Si je n'ai pas répondu plus tôt à votre première lettre c'est que j'ai eu à m'occuper ici de l'installation de tout le monde. Louis n'est arrivé ici avec Athénaïs que quelques jours après nous. Puis nous avons eu à nous préoccuper du médecin, de la garde-malade de la maison de santé, etc., bref je n'ai eu un moment à moi, tout ceci pour vous expliquer la cause de mon silence.

En ce qui concerne les affaires, je ne vois rien de nature à vous inquiéter, les nouvelles concernant la Russie sont excellentes, malheureusement c'est plus long que tout le monde le prévoyait et même les ministres russes. J'ai encore vu avant de quitter Paris un homme politique très important et très au courant des intentions du gouvernement, **il m'a affirmé** que l'année ne s'écoulerait pas sans qu'une décision soit prise au sujet de la canalisation. Or vous savez quels sont les résultats de cette entreprise, ils sont immenses. Par suite le mieux est de s'armer d'un peu de patience d'autant plus que nous touchons certainement au port.

Louis m'a souvent parlé de la question de remboursement de Mme votre mère et s'il y a un retard cela provient de ce qu'en Janvier dernier il comptait comme tout a fait certain le remboursement d'une partie des frais pour la canalisation de Pétersbourg et ceci en dehors des résultats de l'affaire Marot qui continue à fort bien marcher. Nous avons été privilégiés au Mexique par un décret obligeant tous les navires transportant des émigrants à placer à bord un appareil Marot ce qui va nous procurer un nouveau débouché fort important.

Du côté de l'Autriche-Hongrie, le colonel Aubry de la Noë vient de partir pour traiter avec la municipalité de Budapest et nous espérons recevoir bientôt la commande de 2 à 3 appareils.

J'estime donc que................ excellent comme je le disais au début de ma lettre, c'est un peu une question de patience.

En ce qui concerne la situation de la succession de M. de Hoffmann, je sais que ce n'est pas terminé et qu'Athénaïs est très ennuyée de ce retard, mais le transport des valeurs en Allemagne et la constitution du trust en Allemagne en est seul la cause. Je sais aussi que sa mère n'aura pas le droit de toucher au capital dont elle hérite.

Copie de la lettre écrite par M. de Troismonts à M. de Laubespin en réponse à la lettre de ce dernier (4 Février 1910). (M. de Troismonts avait refusé de se faire le complice des manœuvres frauduleuses employées par le sieur Pichon envers M. de Laubespin).

ROYAL HOTEL (Lausanne)

MON CHER AMI,

Louis est arrivé ici hier et je lui ai fait part de votre lettre. Il pourra donc répondre directement à vos appréhensions et vous faire connaître ses intentions au sujet de Mme votre mère.

Je me rappelle qu'effectivement Louis, en Octobre ou en Novembre avait parlé en effet de prélever sur les rentrées de Marot une centaine de mille francs. Il a dû le faire, mais il est fort possible qu'il ait eu par ailleurs la nécessité d'utiliser cette somme.

De Russie on nous communique de tous côtés que la canalisation entre dans une phase active et que les dernières élections municipales se sont faites sur cette question. Louis a envoyé une note à notre Ambassadeur et les Anglais au leur. J'ai vu moi-même, il y a une huitaine de jours, un Russe très distingué et particulièrement au courant des choses de Pétersbourg ; il affirmait que dans un sens ou un autre on allait en finir.

La correspondance des associés anglais d'autre part indique clairement qu'on a toutes les chances.

Pour ce qui est de la succession de M. de Hoff, je ne puis

vous dire rien de précis, et d'ailleurs le pourrais-je qu'il ne m'appartiendrait guère de le faire. Cependant, si comme je l'ai entendu vaguement dire elle se compose surtout de grosses rentes, j'imagine qu'il sera difficile à Louis d'en distraire un certain capital.

Les Emprunts à M. de Laubespin, d'après le bilan écrit de la main du sieur Pichon lui-même et envoyé par lui à M. le Duc de Vallombrosa, son beau-frère, en Juillet 1910.

PASSIF

Comte de Laubespin	**475.000**	Francs.
d°	**300.000**	»
d°	**200.000**	»
d°	**200.000**	»
Hasselmann	**400.000**	«
Norwich	500.000	»
Créanciers actuels	400.000	»
Banque de France	140.000	»
Hoffmann	500.000	»
Harck	100.000	»
Divers	185.000	»
	3.300.000	Francs.

État hypothécaire de l'Hôtel de M. de Laubespin, 76 et 78, rue de l'Université, à Paris, au 27 Février 1909.

DATE de l'Inscription	NOM du Créancier	NOM du Notaire	CRÉANCE inscrite en principal
2 Juillet 1908....	Normand.......	Hasselmann....	50.000 »
d°	d°	d°	50.000 »
4 d°	Ritter...........	Hasselmann....	60.000 »
27 Février 1909...	Foache et autres	d°	80.000 »

État hypothécaire du Château de M. Pierre de Laubespin, “Château de Gouillon”, sis à Miniac-Morvan, au 1er Juin 1909.

DATE de l'Inscription	NOM du Créancier	NOM du Notaire	DATE du Titre	SOMMES CONSERVÉES en Capital et Accessoires
13 Août 1908....	M. Antoine-Cléope de la Sainte-Trinité **Berrizbéitia, négoc., au Havre,** rue du Champ-de-Foire, 16.	Me Hasselmann	7 Août 1908...	100.000 » Frais: 26.600 »
Subrogation d'hypothèque légale sur les immeubles hypothéqués.				
13 Août 1908....	M. Edouard-Marie-Simon-François **Tinel, négociant au Havre, rue** Saint-Michel, 1.	Me Hasselmann	2 Août 1908...	50.000 » Frais: 14.400 »
5 Septembre 1908	M. Désiré-Alfred **Brunet, négoc. au Havre,** rue de Mogador, 22.	Me Hasselmann	26 et 31 Août 1908	65.000 » Frais: 19.000 »
26 Février 1909.	M. l'abbé Henry-Louis **Foache**, chanoine honoraire, passage des Orphelins, 3, pour l'usufruit. Et **Mme Henriette Foache, propriétaire** au Havre, rue d'Eprémenil, n° 44, veuve de M. Marie-Ferdinand Adiffrédy de **St-Quentin, pour la nue-propriété.** Et Mme Marie-Caroline-Valérie **Rante, propriétaire au Havre, rue du Mont-Joly, 16,** veuve de Louis-Edmond Amy.	Me Hasselmann	19 Février 1909	80.000 francs dont 50.000 au profit de M. l'abbé Foache et de Mme de Saint-Quentin; 30,000 au profit de Mme Amy. Frais: 19.000 ».
1er Juin 1909....	Mme Julie-Elisa **Géraud, propriétaire** au Havre, rue Jules-Anal, 39 veuve de Alphonse Audrain.	Me Hasselmann	15 Mai 1909...	20.000 » Frais: 8.000 »

3° Le sieur Pichon emprunte à la Cie d'Assurances « Norvich Union ».

Nota. — Le sieur Pichon, déjà couvert de dettes, avait acheté en 1907 à la Ville de Paris l'hôtel de Lauzun qui avait appartenu à son grand'père. Le prix 300.000 fr. était payable en cinq annuités de 60.000 fr. Pichon, se trouvant dans l'impossibilité de payer même la première annuité, emprunta le 5 juin 1907 **250.000 fr.** à la Cie d'Assurances « La Norwich. »

Afin de pouvoir réaliser cet emprunt, **le sieur Pichon fit signer à sa femme l'acte d'emprunt solidairement avec lui, et il demanda à son amie Mme de Laubespin et à son mari et en outre à son ami M. de Troismonts leur garantie pour le remboursement de cet emprunt.** La Compagnie prit en outre hypothèque sur l'hôtel de Lauzun pour le montant du prêt. Enfin, le sieur Pichon contracta une assurance sur la vie au profit de la Compagnie et le paiement des primes, en outre de l'engagement solidaire de Mme Pichon, était encore garanti par M. et Mme de Laubespin et M. de Troismonts.

Le 4 août 1909, après d'autres essais infructueux, le sieur Pichon emprunta à nouveau **312.500 fr.** à la Norwich. Cette fois encore, **il demanda à sa femme, la riche héritière du baron de Hoffmann, de signer l'acte d'emprunt solidairement avec lui, et en outre Mme Pichon fut obligée de contracter une assurance sur la vie de 312.500 fr. au profit de la Norwich.** En outre, en garantie du remboursement du prêt, le sieur Pichon hypothéqua encore l'hôtel de Lauzun au profit de la Norwich.

Le sieur Pichon emprunte 250,000 francs à la Norwich (5 Juin 1907).

D'un acte reçu par Mᵉ Léon Vigier, soussigné, et Mᵉ Léon Ragot, tous deux notaires à Paris, le 30 Janvier mil neuf cent onze, portant cette mention :

Enregistré à Paris, deuxième bureau notaires, le deux Février mil neuf cent onze, folio 71, case II, volume 632, reçu Trois mille cinq cent trente huit francs treize centimes décimes compris.

Signé : MULLER.

Il est extrait littéralement ce qui suit :

Ont comparu :

1° M. Marie-Joseph-Louis-Henri-André baron Pichon, ancien officier de cavalerie, chevalier de la Légion d'Honneur, décoré de la médaille militaire, demeurant à Paris, quatrième arrondissement, en son hôtel sis quai d'Anjou, n° 17 ;

D'une première part ;

2° M. Gabriel-Marie-Joseph-Jean-François de Reydet de Vulpillières, directeur de la Succursale française de la "Norwich Union Life Insurance Society" demeurant à Paris, avenue de l'Opéra, n° 3 ;

Agissant au nom et comme mandataire de la "Norwich Union

Life Insurance Society" Société anglaise d'assurances sur la vie ayant son siège à Norwich (Angleterre) rue Surrey, en vertu des pouvoirs qui lui ont été conférés suivant acte privé en date à Norwich du vingt Janvier courant (1911) revêtu du sceau de la Société et des signatures : 1° de deux administrateurs MM. Michael Falcon et George Morse ; 2° et du secrétaire M. Lees.

Cette procuration qui sera timbrée et enregistrée lors de l'enregistrement des présentes, écrite en langue française est demeurée ci-annexée après mention et après avoir été certifiée véritable par M. de Vulpillières.

D'une deuxième part ;

3° Et...

Lesquels préalablement aux conventions faisant l'objet des présentes ont exposé ce qui suit..............................

Exposé :

1° Suivant acte passé devant les notaires soussignés le cinq Juin mil neuf cent sept, M. le Baron Pichon, comparant, et **Mme Louise-Athénaïs-Marie Manca de Vallombrosa, son épouse, demeurant avec lui se sont reconnus débiteurs solidaires envers la "Norwich Union" d'une somme de deux cent cinquante mille francs pour prêt** qui a été stipulée exigible le trois Juin mil neuf cent vingt et jusqu'à son remboursement intégral productive d'intérêts au taux de cinq pour cent l'an à compter du cinq Juin mil neuf cent sept, payables par semestre les trois Juin et trois Décembre de chaque année.

A la sûreté et garantie du remboursement du capital de ladite obligation et du paiement de tous intérêts, frais et accessoires,

M. le Baron Pichon a affecté et hypothéqué au profit de la "Norwich Union" :

Un hôtel situé à Paris, quatrième arrondissement, quai d'Anjou, n° 17 dit "Hôtel de Lauzun" ou "Hôtel de Pimodan" plus amplement désigné au dit acte.

En vertu de cette affectation hypothécaire, inscription a été prise au profit de la "Norwich Union" au premier bureau des hypothèques de la Seine, le dix Juin mil neuf cent sept, volume 128, n° 25 ;

Au susdit acte sont intervenus :

1° M. Pierre-Marie-Joseph Mouchet de Battefort, comte de Laubespin et Mme Marie-Charlotte-Geneviève d'Andigné, son épouse, sus nommé ;

2° Et M. Charles-Marie-Alfred comte de Troismonts, officier de cavalerie, demeurant à Paris, quai Bourbon, n° 21,

Lesquels ont déclaré se rendre et constituer cautions solidaires de M. le Baron Pichon et Mme la Baronne Pichon envers la Société "La Norwich Union", ce qui a été accepté pour elle par M. de Vulpillières, comparant pour le montant de ladite obligation en principal, intérêts et accessoires.

En conséquence M. le Comte et Mme la Comtesse de Laubespin et M. le Comte de Troismonts se sont obligés solidairement entre eux et solidairement avec renonciation aux bénéfices de division et de discussion, au remboursement de la somme de deux cinquante mille francs, capital de ladite obligation, au service des intérêts et au paiement des accessoires, le tout aux époques et de la manière exprimées plus haut.

Lettre du sieur Pichon à M. de Troismonts.

Saint-Moritz, 21 Août 1908.

MON CHER VIEUX,

.... Quand tu recevras ma lettre je pense que tu auras vu Laubespin et que tu lui auras bien dit, au sujet des traites, ce que j'ai recommandé de dire dans mon avant-dernière lettre. **Mets-toi bien avec Hasselmann parce que je désire faire avec lui mon opération de Lauzun, c'est-à-dire rembourser la Ville et avoir 150 à 200.000 francs en plus...**

Affections.

Signé : LOUIS.

NOTA. — Le sieur Pichon songeait à Me Hasselmann, notaire au Havre, pour lui consentir un nouveau prêt hypothécaire sur l'hôtel de Lauzun.

Lettre du sieur Pichon à M. de Troismonts.

Aix-les-Bains, 5 Octobre 1908.

Cher Vieux,

..... 2° **Nous attendons avec impatience des nouvelles de la maison, tout au moins l'impression que tu auras eue de leur visite.** Envoie quelques mots télégraphiquement jeudi soir et le lendemain un mot plus détaillé. Ne néglige pas Berthoud, je crois que c'est là que se jouera la bataille. **Il faut qu'il soit des plus chauds**....

..... 4° T'es-tu bien procuré chez Lamarque toutes les pièces relatives à Lauzun? **Ils demanderont probablement aussi le contrat de mariage de ma femme.** Je suppose qu'il doit être chez Ragot; s'il n'y était pas et qu'on le réclame tu nous le dirais. N'oublie pas que nous sommes mariés comme en Amérique sous le régime de la séparation, **ce qui donne plus de force à la signature de ma femme, puisqu'elle est personne civile indépendante. Enfin joue du Hoffmann tant que tu pourras mais adroitement**....

Affectueusement,

Louis.

Lettre de M. de Vulpillières au sieur Pichon.

NORWICH-UNION
Société d'Assurances sur la Vie.

Paris, 2 Décembre 1908.

CHER MONSIEUR,

Vous avez à régler demain, 3 Décembre, 18,040 fr. 30. Il ne faudrait pas mettre retard, car, vous le savez, cette somme et ces intérêts doivent être payés à jour fixe.

Tout à vous,

Signé : DE VULPILLIÈRES.

Lettre de M. de Vulpillières au sieur Pichon.

19 Décembre 1908.

MON CHER BARON,

Je suis absolument désolé d'avoir à vous apprendre que le notaire va commencer lundi prochain des poursuites contre vous, la baronne Pichon, Monsieur de Troismonts et M. de Laubespin.

J'aurais pu vous faire prêter de 100 à 150,000 francs en Août ou Septembre si vous l'aviez voulu.

Je suis dans une grande inquiétude à votre sujet, car ma Compagnie implique ma responsabilité morale dans le prêt qui vous a été consenti.

Croyez-moi votre bien dévoué,

G. DE VULPILLIÈRES.

Le sieur Pichon au comte de Troismonts (1908).

Mon cher Vieux,

..... **En ce qui concerne Lauzun va immédiatement préparer le terrain chez Berthoud, qu'il donne les meilleurs renseignements sur moi et sur ma femme non seulement quant aux 28.000 d'intérêts à payer mais aussi quant au capital!! Il faudrait je crois que le prêteur sache que ma femme signe l'acte hypothécaire et bien souligner qu'elle est la riche héritière du baron de Hoffmann. Berthoud pourra ainsi d'autant plus facilement donner des renseignements excellents; en résumé le Baron très bon pour 28.000 ou 30.000 francs, la Baronne excellente pour plusieurs millions!!! Tâche de faire comprendre au prêteur ou à   qu'il n'y a que Berthoud qui nous connaisse.**

Maintenant si le prêteur demande pourquoi cet emprunt hypothécaire, tout simplement pour avancer et faire les travaux de l'hôtel, sans nous gêner!!! et de plus que les intérêts demandés actuellement tant par la ville que par Norwich sont trop chers, c'est pourquoi nous préférons n'avoir qu'une seule hypothèque à un taux meilleur.

En hâte à toi,

L...

Enveloppe :

Comte de Troismonts,

21, Quai Bourbon (Paris).

Lettre de M. de Vulpillières à M. de Troismonts.

Paris, 20 Décembre 1908.

CHER MONSIEUR,

Ne recevant aucune réponse du Baron Pichon, au sujet de la prime d'assurances et des intérêts échus depuis longtemps, la Compagnie va vous mettre en demeure, ainsi que M. de Laubespin, d'exécuter les engagements que M. le Baron ne tient pas.

Il y a extrême urgence à payer à la Compagnie environ 18,000 francs. Depuis quinze jours je fais tout mon possible pour empêcher cette mesure de rigueur, mais aujourd'hui je ne peux plus rien, car c'est l'avoué de la Compagnie qui va marcher dès demain.

Je vous prie d'agréer, cher Monsieur, l'assurance de mes sentiments très distingués.

Signé : DE VULPILLIÈRES.

M. Tracol passera chez vous à 9 heures.

Lettre de M. de Vulpillières a M. de Troismonts.

NORWICH-UNION. *Paris, 21 Décembre 1908.*

CHER MONSIEUR,

A la suite de la conversation que j'ai eue avec M. Tracol ce matin, je suis allé voir l'avoué, qui ne voulait rien savoir, attendu qu'il avait des instructions non de moi-même, mais directement de Norwich.

Devant mon affirmation que je prenais la responsabilité de ce délai, il se tiendra tranquille. Tâchez de régler samedi et non lundi, cela vaudra beaucoup mieux.

D'autre part, je me suis arrangé pour que dans mes bureaux on ne soit pas au courant de ce retard. Si vous veniez par hasard, au 3 de l'avenue de l'Opéra, parlez à moi-même ou à M. Tracol.

Je vous prie de croire, cher Monsieur, à l'assurance de mes sentiments très distingués.

Signé : VULPILLIÈRES.

Je ne puis comprendre que vous m'ayez rendu responsable des ennuis que le Baron a avec la Compagnie pour son retard à régler, alors que j'ai fait l'impossible pour faire traîner un règlement important qui aurait dû être fait le

3 Décembre. Ce règlement est de 18,040 fr. 60, ainsi décomposé :

Prime......	11,790 20	18,040 30
Intérêts.....	6,250 10	

J'ai déjà remarqué qu'à diverses reprises j'ai rendu des services de ce genre et, au lieu de m'en remercier, le Baron n'a eu que des mots blessants à mon égard.

Télégramme du sieur Pichon à M. de Troismonts.

PÉTERSBOURG à PARIS, *22 Décembre 08.*

Reçois réclamation désagréable Vulpillières, vois d'urgence, attendons impatiemment Denigès; reçu lettre Siègler qui parle pas affaire, dix Janvier; télégraphie immédiatement si toujours décidé.

Lettre de M. de Vulpillières à M. de Troismonts.

23 Décembre 1908.

Cher Monsieur,

Les intérêts sont payés à terme échu et les primes d'avance.

Le 3 juin le baron a payé les intérêts pour un an, du jour de la passation de l'acte au 3 juin, et il a été convenu qu'à l'avenir les intérêts seraient payés avec les primes, par semestres et à terme échu comme convenu. On lui réclame donc les intérêts dus pour six mois, du 3 juin au 3 décembre et la prime du 3 décembre 1908 au 3 juin 1909.

Tout à vous,

E. de Vulpillières.

Tâchez de régler samedi en me demandant moi ou M. Tracol.

Lettre de M. Gamotot à M. de Troismonts.

Léon Gamotot,
Opérations immobilières,
28, rue Montpensier.

Paris, le 2 Avril 1909.

Monsieur le Comte de Troismonts,
Hôtel de Lauzun, 17, quai d'Anjou (Paris).

Je vous remercie infiniment de l'aimable accueil que vous avez bien voulu me faire cet après-midi, et comme convenu entre nous, **j'ai l'honneur de vous adresser sous ce pli le mandat officiel qui m'est nécessaire pour mener à bien et conclure l'emprunt hypothécaire que désirent contracter M. le Baron et Mme la Baronne Pichon.**

Puisque nous sommes pressés par le temps, je vous prie instamment de vouloir bien me le renvoyer revêtu de votre signature, avec les mots : Lu et approuvé, et la date ; à moins que vous ne préfériez l'écrire entièrement de votre main.

Je me permets de vous rappeler que la Loi exige un pouvoir spécial, notarié, et contenant toutes les indications et toutes les conditions de l'emprunt hypothécaire dont s'agit, et si celui que vous avez actuellement ne contient pas les renseignements suffisants, il serait urgent que vous nous fassiez connaître sa teneur, et au cas où il ne pourrait pas nous servir, que nous fassions, vous et moi, toute diligence, pour que vous puissiez signer l'obligation aux lieu et place de M. le Baron Pichon.

Du reste à ce sujet, veuillez être assez aimable en m'envoyant le mandat de négociation, de me fixer un nouveau rendez-vous pour lundi si possible, et à l'heure qui vous dérangera le moins.

De mon côté, je viens de m'assurer, par téléphone, un rendez-vous pour demain matin avec le Directeur de la Société disposée à faire cette opération.

A vous lire et comptant sur vous,

Pr M. L. Gamotot
(illisible).

Nota. — Le sieur Pichon, qui avait échoué près de Me Hasselmann et des autres prêteurs dont il parle dans les lettres précédentes, fait une nouvelle tentative d'emprunt.

Lettre de la « Norwich-Union » au sieur Pichon.

NORWICH-UNION. *Paris, le 21 Juin 1909.*

Baron L. PICHON,

Grand-Hôtel (Bruxelles).

M. de Vulpillières, actuellement dans le Midi, m'a chargé d'avoir l'honneur de vous demander de vouloir bien nous donner la date exacte de naissance de Mme la Baronne Pichon. Dans le questionnaire qui vous avait été adressé à cet effet, il n'a été répondu qu'imparfaitement à cette question. Je vous serais donc obligé de bien vouloir réparer ce petit oubli.

Nous serons heureux de recevoir, en même temps que votre réponse, le rapport médical qui nous est indispensable pour donner à votre affaire une solution aussi rapide que possible.

Dans l'attente de vous lire........,

Pr le Directeur pour la France :
ILLISIBLE.

Quelle année est née Mme la Baronne Pichon ?

NOTA : La Compagnie exigeait, en effet, comme garantie du second emprunt hypothécaire de 312,500 francs, que Mme Pichon contractât une assurance sur la vie de 312,500 francs à son profit.

Lettre de la “Norwich” à M. de Troismonts.

Paris, le 2 Juillet 1909.

Comte DE TROISMONTS,

CHER MONSIEUR,

J'ai le regret de vous adresser la dépêche ci-incluse.

La Compagnie ne veut prêter que 312,000 francs.

Je pense que l'an prochain, quand de nouvelles réparations auront été effectuées, elle pourra réaliser un nouveau prêt.

En hâte.

Tout à vous.

Signé : DE VULPILLIÈRES.

Lettre de M. de Vulpillières au sieur Pichon.

VAISON (Vaucluse) *18 Juin 1909.*

MON CHER BARON,

Je crois qu'il vaut mieux que la compagnie ait sous les yeux toutes les pièces pour vous donner une réponse définitive. La visite médicale, sans être urgente, devra donc être passée dès que vous le pourrez sans dérangement de votre part.

Le dossier n'est pas encore arrivé à Norwich en raison du retard que met l'architecte à nous donner son rapport. Je lui télégraphie pour activer.

La Compagnie a déjà donné une réponse pour ce qui concerne la durée qu'elle a fixée irrévocablement à 22 ans ainsi que je l'ai écrit à M. de Troismonts.

Je pense vous télégraphier ce soir le montant de l'expertise.

Je vous prie d'agréer.....

Signé : VULPILLIÈRES.

Lettre du sieur Pichon à M. de Troismonts.

MON VIEUX,

Je signe l'acte avec la Norwich à 4 heures, c'est pourquoi je n'ai pas été te prendre à la gare ; laisse tes bagages à Joseph et viens tout de suite me retrouver, rue Louis-le-Grand, attends en bas, nous irons ensuite nous faire couper les cheveux chez Babelon, tu dois en avoir besoin.

Affectueusement,

Signé : LOUIS.

Le sieur Pichon emprunte 312.500 francs à la " Norwich " (4 août 1909).

D'un acte reçu par Me Léon Vigier, soussigné et Me Léon Ragot, tous deux notaires à Paris, le 30 janvier 1911 portant cette mention :

Enregistré à Paris, deuxième bureau notaires le deux février mil neuf cent onze, folio 71, case 11, volume 632, reçu trois mille cinq cent trente-huit francs treize centimes décimes compris.

Signé : MULLER.

Il est extrait littéralement ce qui suit :

Ont comparu :

1° Monsieur Marie-Joseph-Louis-Henri-André baron Pichon, ancien officier de cavalerie, chevalier de la Légion d'honneur, décoré de la médaille militaire, demeurant à Paris, quatrième arrondissement, en son hôtel sis quai d'Anjou, n° 17;

D'une première part ;

2° Monsieur Gabriel-Marie-Joseph-Jean-François de Reydet de Vulpillières, directeur de la succursale française de la " Norwich Union Life Insurance Society " demeurant à Paris, avenue de l'Opéra, n° 3 ;

Agissant au nom et comme mandataire de la " Norwich Union

Life Insurance Society ", société anglaise d'assurance sur la vie ayant son siège à Norwich (Angleterre), rue Surrey, en vertu des pouvoirs qui lui ont été conférés suivant acte privé en date à Norwich du vingt janvier courant (1911) revêtu du sceau de la société et des signatures: 1° de deux administrateurs MM. Michael Falcon et Georges Morse, 2° et du secrétaire M. Lees.

Cette procuration, qui sera timbrée et enregistrée lors de l'enregistrement des présentes, écrite en langue française, est demeurée ci-annexée après mention et après avoir été certifiée véritable par M. de Vulpillières.

D'une deuxième part,

3° Et......

Lesquels préalablement aux conventions faisant l'objet des présentes, ont exposé ce qui suit......

Suivant acte passé devant lesdits Mes Vigier et Ragot, notaires soussignés, le quatre août mil neuf cent neuf, Monsieur le Baron Pichon et Madame la Baronne Pichon, son épouse, se sont reconnus débiteurs solidaires envers la « Norwich - Union » d'une somme de trois cent douze mille cinq cents francs qui a été stipulée exigible le seize Juillet mil neuf cent trente et un et jusqu'à son remboursement intégral productive d'intérêts au taux de cinq pour cent l'an, à compter du quatre août mil neuf cent neuf, payables par semestres les seize janvier et seize juillet de chaque année..

A la sûreté et garantie du remboursement du capital de ladite obligation et du paiement de tous intérêts, frais et accessoires, **Monsieur le Baron Pichon a affecté et hypothéqué au profit de la « Norwich-Union » :**

Un hôtel situé à Paris, quatrième arrondissement, quai

d'Anjou, n° 17, dit « Hôtel de Lauzun » ou « Hôtel de Pimodan », plus amplement désigné au dit acte.

En vertu de cette affectation hypothécaire, inscription a été prise au profit de la « Norwich-Union » au premier bureau des hypothèques de la Seine, le sept août mil neuf cent neuf, volume 176, n° 31.

. . . .

État hypothécaire, au 30 Juin 1913, de l'Hôtel de Lauzun, sis, 17, quai d'Anjou, et appartenant au sieur Pichon.

DATE de l'Inscription	NOM du Créancier	DATE du Titre	CREANCE inscrite en principal	OBSERVATIONS
—	—	—	—	—
10 Juin 1907	La « Norwich-Union »	5 Juin 1907	250.000 »	Radiées en ce qu'elles conservent une somme supérieure à 416,457 francs.
7 Août 1909	La « Norwich-Union »	4 Août 1909	312.500 »	
20 Janv. 1911	Manca de Vallombrosa femme Pichon	légale		
13 Fév. 1911	La « Norwich-Union »	5 Juin 1907	250.000 »	Renouvellement.
			312.500 »	
24 Déc. 1912	Levêque (Trib. Seine)	13 Juill. 1913	17.815 33	
12 Juin 1913	Soc. Bloch-Tréfousse	5 Juin 1907	775.000 »	Renouvellement.

Note : **C'est aujourd'hui la Société Bloch, Tréfousse et Cie qui est créancière du sieur Pichon pour 775,000 francs**. Cette Société a été subrogée dans les droits, actions et sûretés de la « Norwich ».

4° Le sieur Pichon emprunte à M. de Vulpillières, Directeur de la Compagnie d'Assurances « Norwich-Union ».

Reçu de M. le Baron Pichon vingt mille francs en billets belges **sur celle de vingt-deux mille francs qu'il me doit.**

Paris, 6 Juin 1907.

Signé : De Vulpillières.

Traite signée par le sieur Pichon à M. de Vulpillières.

B. P. F. 8,000.

Au vingt Décembre prochain je paierai à M. de Vulpillières ou à son ordre la somme de huit mille francs, valeur en compte.

Paris, le 2 Décembre 1907.

Signé : Baron L. Pichon,

17, Quai d'Anjou.

Lettre de M. de Vulpillières au sieur Pichon.

3, Avenue de l'Opéra. *23 Juillet 1908*

Cher Monsieur,

Ce matin j'ai reçu des instructions pour faire un prêt de 50.000 francs. Avec le sinistre du capitaine Mangin tué en Mauritanie cela absorbe tous nos fonds. Je pense toutefois recevoir demain de Montpellier 25.000 francs, **dont je n'aurai pas à rendre compte avant un mois.**

Je vous aviserai dès que j'aurai reçu cette somme.

Je vous prie d'agréer, cher Monsieur, mes sentiments très distingués.

De Vulpillières.

Nota. — En dehors des emprunts à Norwich-Union, emprunts que nous verrons plus loin, le sieur Pichon empruntait à M. de Vulpillières personnellement, directeur de la Norwich-Union.

Lettre de M. de Vulpillières au sieur Pichon.

24 Juillet 1908.

CHER MONSIEUR,

J'espère que l'air des montagnes achève votre rétablissement. Je serais heureux d'avoir des renseignements sur votre santé.

Ce que je craignais est arrivé. Je vous avais laissé prévoir que la Compagnie pourrait me charger de régler un deuxième sinistre avec les fonds provenant des réassurances. J'ai reçu avis de payer la somme due par suite de la mort du capitaine Mangin, tué en Mauritanie. Et je suis obligé de m'exécuter. **Je vais essayer d'avoir des fonds de Montpellier pour remettre à M. de Troismonts.**

Signé : DE VULPILLIÈRES.

Lettre du sieur Pichon à M. de Troismonts.

Pontresina, le 28 Juillet 1908.

MON VIEUX,

..... **Relance sérieusement Vulpillières pour les fonds à avancer, cela devant être fait depuis le 15 courant.....**

Affectueusement,

LOUIS.

Lettre du sieur Pichon à M. de Vulpillières.

CHER MONSIEUR,

Voulez-vous faire bon accueil à mon ami Troismonts, **qui a à vous entretenir de ma part d'une question confidentielle, et au sujet de laquelle je fais appel à votre bon** cœur.

Tout à vous,

Signé : Baron L. PICHON.

Lettre du sieur Pichon à M. de Troismonts.

Pontresina, 31 Juillet 1908.

Mon Cher Vieux,

Voici la lettre que j'adresse à Vulpillières en réponse à la conversation qu'il a eue avec ma femme et qui est d'autant plus incompréhensible, que jamais en dehors de ma femme et de toi il n'a manifesté la plus petite crainte en ce qui concerne ma solvabilité ; il te donnera probablement les explications que je te serais reconnaissant de me transmettre.

Ci-joint l'effet de 10.000 francs que tu lui remettras contre versement de 10.000 francs. Pour que tu comprennes l'opération je t'envoie sa lettre...

Affections.

Louis.

Copie (de la main du sieur Pichon) de la lettre adressée par lui à M. de Vulpillières.

Cher Monsieur,

Je reçois à l'instant votre lettre du 30 Juillet et suivant votre désir, je remplis l'effet que vous m'avez adressé et je l'envoie à Troismonts pour qu'il vous le remette.

Je tiens à vous renouveler mes remerciements, déjà exprimés plusieurs fois, pour le service que vous voulez bien me rendre, mais **je ne puis vous dissimuler que la conversation que vous avez eue avec ma femme au sujet de cette avance de 20.000 francs m'a peiné, j'aurais préféré que vous me disiez carrément en Juin lorsque nous avons agité cette question que vous ne vouliez pas me faire cette avance parce que vous aviez des doutes sur ma solvabilité ou sur ma parole plutôt que de demander à ma femme de vous garantir personnellement cette somme, comme si j'étais susceptible de manquer à un engagement quel qu'il soit.**

Vous ne pouvez oublier les raisons pour lesquelles je vous ai demandé ce service et qui sont l'obligation pour moi de mettre en construction la quantité d'appareils et d'accessoires Marot nécessaires pour satisfaire notre clientèle, qui grandit chaque jour et qui ne paie ses appareils qu'à la réception ; d'où aujourd'hui une sortie de fonds égale à 300.000 francs qui me laisse il est vrai un très beau bénéfice, mais qui me gêne à certains moments, d'autant plus que je tiens à terminer le plus rapidement possible les réparations de mon hôtel.

En dehors de ce capital vous ne pouvez oublier que j'ai encore à recueillir l'héritage de ma grand'mère décédée en Février dernier et que la maison Berthoud, entre les mains de laquelle il est passé à moi plus de 350.000 francs d'argent depuis fin décembre dernier, a encore environ 90.000 francs à moi, pour faire face à nos constructions de canots automobiles et automobiles sanitaires.

Si je vous rappelle ces détails, c'est uniquement pour vous prouver, question d'engagement mise à part, que ma solvabilité n'aurait pas dû vous causer les craintes que vous avez manifestées et dont vous ne m'avez jamais fait part avant.

Voulez-vous être assez aimable pour dire à M. Marot que je me suis occupé de ses consoles et que j'attends d'un jour à l'autre le résultat de la visite de la personne qui a été le voir.

Veuillez agréer, Cher Monsieur, avec mes remerciements très sincères, l'assurance de mes cordiaux sentiments.

Lettre du sieur Pichon à M. de Troismonts.

ST-MORITZ. *7 Août 1908.*

MON CHER VIEUX,

.... 2/Vulpillières : Tu dois approuver ma lettre à Vulpillières, d'autant plus que **ma femme m'avait dit en rentrant de Paris que notre crédit était ruiné**, or, comme Vulpillières à qui j'ai également rendu service, m'a toujours dit et répété qu'il était heureux de pouvoir me rendre ce service, je ne comprenais pas ce revirement subit et je suis content que tu aies pu te rendre compte par toi-même que ma lettre l'a ramené à de meilleurs sentiments.

Affections,

LOUIS.

5° *Le sieur Pichon emprunte à un M. Cellier (?).*

Pour faciliter ses opérations, il demande à son ami, M. de Laubespin, de signer des billets à son propre nom ou il demande à sa femme sa garantie pour le remboursement de ses emprunts.

17, Quai d'Anjou (IVe Arrond.) *Ce 23 Mai 1907.*

Reçu de M. Cellier la somme de six mille francs que je m'engage à lui rembourser le huit Juin.

Baron L. Pichon,

Lettre de M. Cellier à M. de Troismonts.

37, Rue Lafayette. *Mardi soir.*

Cher Monsieur,

Je pensai vous voir hier ou aujourd'hui, est-ce qu'il y a du nouveau chez vous? **En tous cas veuillez donc, je vous prie, porter ou m'envoyer demain sans faute les 1.050 fr. que j'ai avancés et desquels j'ai le plus grand besoin demain mercredi sans faute** car nous partons demain soir.

Croyez, je vous prie, à mes meilleurs sentiments.

Signé : Cellier.

Lettre du sieur Pichon à sa Femme.

17, Quai d'Anjou. *Ce 30 Mai 1908.*

..... 5° Fin du mois de Mai. J'ai pu l'arranger très bien en faisant escompter les dernières traites de Régis par Cellier. **Je compte même m'arranger avec lui en faisant d'autres effets signés par un tiers, au cas où quelque imprévu se produirait.**

Lettre de M. Cellier à M. de Troismonts.

LE HAMEAU, CHAILLY-EN-BIÈRE (S.-et-M.) *26-8-1908.*

CHER MONSIEUR,

Je suis surpris de n'avoir pas reçu de réponse à la lettre que je vous ai adressée il y a quinze jours. **Je viens vous rappeler que fin courant le Baron Pichon a 5.000 fr. à payer rue François 1er par M. de Laubespin.**

J'espère, Cher Monsieur, que votre santé ainsi que celle de Madame et du bébé sont très bonnes.

Croyez, je vous prie......

Signé : E. CELLIER.

Lettre de M. Cellier à M. de Troismonts.

CHAILLY-EN-BIÈRE (Seine-et-Marne). *Le Hameau, 5 Sept. 1908.*

MON CHER MONSIEUR DE TROISMONTS,

Je vous confirme notre entretien de mercredi. **Le Baron a à payer 5.000 remis le 23 Juin et dont je n'ai pas d'effet qu'un reçu payable à fin Septembre.**

50.000 15 Septembre souscrits par M. de Laubespin.

15.000 15 Octobre dont les billets (20.000) n'ont pas été renouvelés et sur lesquels 20.000, 5.000 ont été payés et dont je vous remets sous ce pli le billet de 5.000. Sur les 50.000 payables 15 Septembre, je vous ai promis d'avoir 25.000 renouvelés ; je porterai les 25.000 chez lui avant l'échéance ; vous m'avez dit les avoir. Ensuite je vais demander au banquier de vouloir me faire les fonds de 32.000 souscrits par le Baron. J'ai mis 32 au lieu de 30, comme nous avons dit l'autre jour, c'est pour les escomptes et agios. **Vous m'avez dit qu'il fallait encore 15.000, ça je ne sais où les trouver,** en tout cas vous pouvez attendre mon retour à Paris la dernière semaine de Septembre, mais **surtout dites bien au Baron que les 5.000 de fin Septembre doivent être payés,** le billet fait par moi est payable chez moi. Je vais aller exprès à Paris lundi pour voir le banquier, je pense qu'il me donnera satisfaction, **je lui promettrai les 25.000 Laubespin jeudi ou vendredi,** je passerai les prendre quai d'Anjou; vous serez de retour. En tout cas, avisez-moi aussitôt afin que je ne fasse pas de voyage inutile. Pour le billet de 2.000 je pensais en trouver ici et je n'en ai pas trouver ; je vais écrire un mot à Andrieux qu'il en envoie un au Baron car il est plus que certain que vous n'en aurez pas en Suisse. **Ces 2.000 sont pour compléter les 30.000 que vous avez emporté ; les billets doivent être avalisés par la Baronne et signés de sa main et le Baron doit avoir mis par autorisation** (ne pas écrire sur les timbres).

Je pense n'avoir plus rien à vous dire, je pensais pouvoir aller à Paris hier et avoir vu le banquier pour vous dire que la chose était décidée, mais j'étais trop souffrant, je ne peux y aller que lundi.

Veuillez, je vous prie, faire mes amitiés au Baron et à la Baronne et croyez-moi bien votre

Ed. CELLIER.

NOTA. — L'orthographe des hommes d'affaires du sieur Pichon a été partout respectée.

Lettre de M. Cellier à M. de Troismonts.

Le Hameau, Chailly-en-Bière (S.-et-M.). *Samedi, 12 Septembre.*

Cher Monsieur,

J'ai reçu hier seulement une lettre du Baron renfermant les trois effets de 10.000 francs et me disant que les 25.000 Laubespin sont chez lui, à Paris, qu'Andrieux me les remettra, mais il faut que j'aie les effets Laubespin pour faire les fonds des 25.000 francs renouvelés. Je passerai chez le Baron, lundi matin, de 9 heures à 10 heures. Veuillez donc, je vous prie, vous y trouver, car j'ai besoin de vous causer.

Bien à vous,

Signé : E. Cellier.

Lettre de M. Cellier à M. de Troismonts.

CHAILLY-EN-BIÈRE (S.-et-M.). *Lundi, 21 Septembre.*

MON CHER M. DE TROISMONTS,

J'ai bien reçu votre lettre **et les valeurs de L...** Seulement, il est une chose que je ne m'explique pas, c'est que le baron ne m'ait pas envoyé la valeur de 2.000 francs que je lui avais fait parvenir par Andrieux, afin que cette somme puisse couvrir les frais des agios et escompte **et que le baron puisse toucher les 50.000 fr. nets,** car sur cette somme je vais avoir à payer tous ces frais ; je serai à Paris pour vous mercredi matin, en descendant je serai quai d'Anjou, de 9 heures à 9 heures 1/2.

C'est peut-être un peu tôt, mais je ne puis vous fixer une autre heure, car je dois aller, en vous quittant, chez le banquier et, selon sa réponse, il se peut que j'ai besoin de vous revoir l'après-midi ; donc, ne me faites pas attendre mercredi matin.

Croyez, je vous prie.....

Signé : E. CELLIER.

Lettre de M. Cellier à M. de Troismonts.

Dimanche, 13 Décembre.

Monsieur de Troismonts,

Voici deux lettres que j'écris au Baron Pichon sans avoir de réponse. Je lui demandais de venir me causer au sujet de l'échéance du mardi 15 ; il ne m'a pas répondu. Si je n'étais souffrant depuis quinze jours, je serais allé chez lui, mais, comme je vous le dis, depuis quinze jours je ne suis sorti que pour m'occuper de cette échéance. Veuillez donc, je vous prie, le voir et lui dire que je l'attends demain lundi ou alors qu'il paie à l'échéance du 15, car depuis vendredi je l'attends.

Recevez.....

Signé : E. Cellier,

57, rue Lafayette.

Paris, 25 Mars.

B. P. F. 10.000.

Au vingt-cinq mars prochain je paierai à l'ordre de M. Cellier la somme de dix mille francs, valeur reçue en marchandises.

Paris, 20 Décembre 1908.

Baron L. Pichon,
17, Quai d'Anjou.

Bon pour autorisation maritale:
Baron L. Pichon.

Bon pour aval autorisée par mon mari :

Baronne L. Pichon.

Paris, le 5 Avril 1909.

B.P.F. 5.000

Au dix Juillet mil neuf cent neuf je paierai à M. Cellier ou à son ordre, la somme de cinq mille francs, valeur en marchandises.

Baron L. Pichon.

Bon pour autorisation maritale,

Baron L. Pichon,

17, quai d'Anjou.

Bon pour aval de garantie,

Baronne L. Pichon.

Lettre de M. Cellier à M. de Troismonts.

Jeudi 6 Mai 1909.

Cher Monsieur,

N'oubliez pas que je vous attends sans faute samedi matin pour le solde, je ne puis remettre et cela m'a causé déjà assez d'ennuis.

Mes meilleurs compliments ; je voudrais bien être averti aussitôt du retour du Baron.

Signé : E. Cellier.

Lettre de M. Cellier à M. de Troismonts.

Mardi 29 Juin.

Mon cher Monsieur de Troismonts,

Quand vous êtes venu au magasin la semaine passée en partant pour Bruxelles, je vous ai dit que j'avais besoin absolu des 895 fr. 20 reliquat du compte. Je pensais les recevoir, et c'est demain. Veuillez je vous prie me les envoyer par Andrieux le matin. Je voudrais bien savoir si le Baron est rentré? Je compte bien sur vous, ne me manquez pas car j'ai un paiement important à faire et je ne puis pas remettre.

Bien à vous.

E. Cellier.

Lettre d'Andrieux, concierge du sieur Pichon, à M. de Troismonts qui se trouve à Lausanne avec sa femme et Mme Pichon.

Le 24 Mars 1910.

MONSIEUR LE COMTE,

..... **J'ai été chez Cellier retirer les effets du 15, mais il ne m'a remis que 20.000 M. le Baron et 15.000 M. de Laubespin alors j'y ai demandé où était l'autre de 5.000, il m'a dit que c'était un effet Laubespin qui n'était pas encore rentré,** qu'il l'attendait d'un moment à l'autre, j'y ai dit que je repasserais le chercher un de ces jours. Nous espérons que Madame la Comtesse et Mademoiselle vont bien.

Veuillez agréer.....

ANDRIEUX.

6° Quelques autres emprunts ou tentatives d'emprunt.

NOTA. — A court d'expédients, le sieur Pichon, par l'intermédiaire de l'homme d'affaires Siegler, contracte un emprunt en subrogeant le prêteur dans l'hypothèque qui appartient à la Ville de Paris, sur l'immeuble qu'elle lui a vendu (l'Hôtel de Lauzun) et il essaie d'emprunter sur une succession dont la liquidation n'est pas terminée.

Lettre de M. Siegler au sieur Pichon.

Paris, le 22 Octobre 1908.

MONSIEUR LE BARON PICHON,

. . . .

Je me permets encore une fois d'insister sur notre dernière conversation. Il est inutile que cet emprunt de la Compagnie de la Norwich ayant été assez onéreux arrive en première hypothèque. Je trouve qu'il vaut mieux que vous ayez vous-même les 180,000 francs et tout cela n'empêche pas qu'aussitôt cette opération réglée je puis chercher un capitaliste qui alors vous prêterait la totalité de la valeur de l'immeuble, c'est qu'en faisant l'opération de l'hypothèque de la Ville de Paris vous agissez avec précaution et vous consolidez simplement la procuration telle qu'elle est, il n'y a rien de changé à votre situation pour un emprunt futur.

Je répète que dans ce cas-là votre notaire doit faire signer la quittance par M. de Selves, préfet de la Ville de Paris, non pas comme un reçu pur et simple, mais par subrogation au nom d'une tierce personne quelconque, à laquelle cette combinaison est indifférente, puisqu'au fond la somme lui est payée et le reste lui importe peu...

Recevez, Monsieur....,

Pr M. SIEGLER :
(Illisible).

Lettre de M. Siegler au sieur Pichon.

SIEGLER, Banquier,
Rue de Grammont, 20, Paris.

Paris, le 24 Octobre 1908.

Monsieur le Baron Pichon,
17, Quai d'Anjou, Paris.

Monsieur le Baron,

Je me permets de vous rappeler votre promesse de m'avoir le plus tôt possible par votre notaire la subrogation par la Ville de Paris de 60.000 francs avancée sur l'hypothèque du vendeur.

Veuillez agréer, Monsieur, mes salutations distinguées.

Signé : Siegler.

Billet de la main du sieur Pichon annexé à la lettre précédente.

17, Quai d'Anjou (4e arr.)

Demander la quittance subrogative pour 60.000 francs.

Lettre de M. Siegler à M. de Troismonts.

Monsieur DE TROISMONTS,
21, Quai Bourbon, Paris.

MONSIEUR,

Permettez moi d'exposer au Baron Pichon nettement ma manière de voir. Je crois qu'il ferait bien de se rémémorer le proverbe : « Un tiens vaut mieux que deux tu l'auras », car ainsi est sa situation. J'ai besoin de quelque temps pour faire aboutir cette affaire et voudrais la faire avant mon départ pour Nice. Voilà pourquoi j'insiste par des lettres consécutives. **Il doit oublier qu'en faisant les 60 et 80.000 francs, çà lui donne 140.000 francs dans la poche ; étant obligé de payer au mois de mars encore 60.000 francs à la Ville de Paris celà lui fait 200.000 francs dans la poche, tandis que s'il hésite, il arrivera qu'il sera obligé de payer au mois de mars ses 60.000 francs et il** n'aura **pas d'argent.**

En ce qui concerne les 300.000 francs en troisième hypothèque j'espère le faire au mois de janvier, si la combinaison dont je lui ai parlée est finie à cette époque.

Veuillez me donner une réponse immédiate, car voilà un mois que nous parlons sans rien faire aboutir. Pourtant mes conseils sont très sérieux et mûrement réfléchis. Soyez assez aimable de m'apporter les deux pièces que je vous ai demandées, ainsi que l'inventaire de la succession pour commencer à mettre les deux affaires en train.

Lettre de M. Siegler à M. de Troismonts.

Paris, le 11 Décembre 1908.

Monsieur de TROISMONTS,
21, Quai Bourbon,
Paris.

MONSIEUR,

Soyez assez aimable de me tenir au courant de ce que vous avez fait aujourd'hui puisque je ne vous ai pas vu dans la journée. Voulez-vous venir demain parce que j'aurais une signature à vous demander, pour l'affaire de 80.000 francs.

Veuillez agréer, Monsieur, mes salutations les plus distinguées.

P. M. SIEGLER,
Signé : Illisible.

Lettre de M. Siegler à M. de Troismonts.

Paris, le 10 Novembre 1908.

Monsieur de TROISMONTS,
Grand Hôtel d'Europe,
Saint-Pétersbourg (Russie).

MONSIEUR,

J'ai bien reçu votre lettre, je n'oublie pas les affaires, seulement il faut que vous ayez signé la liquidation comme c'est convenu, pour que je puisse faire alors l'opération dans la journée même, c'est ainsi que c'était décidé, et c'est dans ce sens que j'ai fait accepter l'affaire.

J'ai bien reçu la pièce dont vous me parlez et vous en remercie.

Je vous ai envoyé le double de cette lettre à Paris, dans le cas où vous seriez déjà parti de Saint-Pétersbourg.

Veuillez agréer, Monsieur, mes salutations les plus distinguées.

P. M. SIEGLER,
Signé : Illisible.

Lettre de M. Siegler à M. Pichon.

Paris, le 19 Décembre 1908

Monsieur le Baron Pichon,
Grand Hôtel d'Europe,
Saint-Pétersbourg (Russie).

Monsieur le Baron,

Je vous ai expédié par le premier courrier un modèle de procuration, avec une lettre de M. de Troismonts, afin qu'elle puisse partir en temps utile, à savoir à une heure et demie ; je n'ai pas eu le temps de vous écrire, et je fais partir cette lettre par le courrier de ce soir.

La procuration envoyée par M. de Troismonts ce que l'on appelle une procuration générale était tout à fait inutile, car ces sortes de procuration ne sont plus acceptées, et l'on demande pour chaque affaire une procuration spéciale.

La raison est facile à comprendre on craint que votre mandataire outrepasse le pouvoir que vous lui avez donné et on désire être à l'abri de tout procès et de toute réclamation.

Je vous ai donc envoyé un modèle de procuration spéciale, et j'ai choisi un mode d'opération à 5 °/₀ par an qui, je crois, d'après moi, coûtera moins de frais et d'enregistrement qu'un emprunt ordinaire.

Je dois vous informer que le principal de Mᵉ Régaud *(sic:* Ragot) **m'a dit que votre affaire peut durer 4 mois, un an ou**

deux ans à cause des oppositions qui greffent un de vos parents. **Je vous ai donc laissé deux ans, et vous ne payerez les intérêts que pour le temps que vous garderez les fonds.**

Pour ce qui est du prix qui vous revient de la vente de la propriété et sur les 7 actions « Vieille Montagne » je vous ferai un prêt d'un autre côté, car les deux genres d'opérations ne peuvent pas se faire par le même banquier, j'attends donc votre retour pour vous faire cette deuxième affaire.

Ayez l'obligeance de me renvoyer la procuration par retour du courrier, et un jour après la réception, je passerai l'acte, et vous aurez les fonds de suite. Je compte donc sur vous.

Veuillez agréer, Monsieur le Baron, mes salutations les plus distinguées.

Pr M. Siegler
Signé : (illisible).

Télégramme du sieur Pichon à M. de Troismonts.

Pétersbourg à Paris 21 Décembre 08.

Télégraphie nouvelles Siegler silence absurde. Envoie nécessaire.

Louis.

Lettre du sieur Pichon à M. de Troismonts.

Saint-Pétersbourg, 21 Décembre 1908.

Mon cher Vieux,

Nous recevons à l'instant seulement ton mot relatif à ton entrevue avec Siegler, tu aurais dû nous télégraphier plus tôt car nous nous sommes cassé la tête tous ces jours-ci à nous demander ce qui se passait avec cette question aussi importante.

Je t'avais bien recommandé de me dire également par premier courrier quelles étaient les conditions de Siegler, tu ne m'en dis même pas un mot. Envoie-les moi par retour du courrier.

Affections.

Louis.

Télégramme du sieur Pichon à M. de Troismonts.

Pétersbourg à Paris, 22 Décembre 08.

Reçois réclamation désagréable Vulpillières vois d'urgence attendons impatiemment Denigès reçu lettre Siegler qui parle pas affaire dix Janvier télégraphie immédiatement si toujours décidé.

Télégramme du sieur Pichon à M. de Troismonts

Troismonts, *Pétersbourg, le 29 Décembre 1908.*

21, Quai Bourbon, Paris.

Va d'urgence trouver Couvoisier, dis Argentine ayant retardé paiements à cause vote budget je demande cinquante maintenant et cinquante quinze Janvier si possible cent maintenant apporte liquidation signée, fais marcher Lamarque, tâche pas signification mais si indispensable, accepte signification à condition opération traitée immédiatement; **dis Courvoisier suis retenu Pétersbourg par grosse affaire** dont lui parlerai retour et **dis avons très bonnes nouvelles Bolivie; casse pas Siegler mais si Courvoisier consent, arrête Siegler.**

Lettre de M. Siegler au sieur Pichon.

Paris, le 30 Décembre 1908.

Monsieur le Baron Pichon

Grand Hôtel d'Europe

Saint-Pétersbourg (Russie).

Monsieur le Baron,

J'ai reçu votre dépêche tout à fait injustifiée. M. de Troismonts vous dira qu'au lieu de reproches je mérite plutôt des éloges. **N'oubliez pas que toutes les affaires que vous me donnez ne sont pas des affaires de père de famille, il y a toujours quelque chose qui cloche ou un article du code à supprimer ;** cette fois-ci vous n'avez pas voulu de significations, malgré que la loi l'exige, j'ai donc fait l'affaire dans ces conditions à 5 °/₀ par an ce qui est effectivement difficile ; sans votre départ pour la Russie, et sans cette malheureuse procuration il y a déjà longtemps que vous auriez touché les fonds.

A la réception de votre procuration, j'ai prié M. Ragot, votre notaire, par délicatesse de vous assister absent afin que l'acte soit vérifié et que vous soyez tranquille sur ce qu'il contient.

Voilà alors ce qui s'est passé : M. Ragot est allé à la Compagnie où l'on fait l'affaire, **pour lui faire remarquer que vos attributions ne sont pas définitives et qu'il peut y avoir des**

changements. Peut-être a-t-il fait cela sans mauvaise intention, mais cela a été fait.

D'un autre côté il désirait que l'acte lui soit communiqué, etc., etc..... toutes ces objections, au lieu d'inspirer les gens les effrayaient. Remarquez que j'avais tout prédit, même que les attributions n'étaient pas définitives, et que tout était accepté dans ces conditions.

Enfin je suis allé avec M. de Troismonts aujourd'hui même et nous avons fait un dernier effort, **on va vous signer demain et vous remettre 50.000 francs**; aussitôt cette affaire faite, je m'occuperai de vous faire verser les 7.500 francs qui restent. Je vous ferai aussi une petite affaire sur les 7 actions qui restent.

Pour l'amour de Dieu, étant tellement préoccupé en ce moment, ne me harcelez pas pour tout faire d'un seul coup, mais ma constitution étant ainsi faite je ne peux faire qu'une chose après l'autre.

Je vous promets de m'occuper de toutes vos affaires, je vous en ai déjà fait deux, que je crois être tellement bien exécutées que personne autre aurait pu vous les faire dans ces conditions, la dernière surtout à cause des significations, il va sans dire que votre notaire ne vous aurait jamais fait cette affaire.

Veuillez agréer, Monsieur le Baron, mes salutations les plus distinguées.

P. M. Siegler,

Signé : (illisible).

Lettre de M. Siegler au sieur Pichon.

Paris, le 31 Décembre 1908.

Monsieur le Baron PICHON,

Grand Hôtel d'Europe,

Saint-Pétersbourg (Russie).

MONSIEUR LE BARON,

Permettez-moi de vous dire que je n'ai pas l'habitude d'assister à une scène de Charenton, excepté aujourd'hui.

Votre notaire à traîné huit jours en chicanant la Compagnie tous les jours jusqu'aujourd'hui, enfin nous avons pris le rendez-vous à 3 heures pour la signature, j'ai insisté pour que M. de Troismonts lui-même signe l'acte, tout-à-coup il s'est levé, lui qui a généralement beaucoup d'esprit, il a réclamé le versement de fonds immédiat, sans se préoccuper si la loi demande s'il y a des oppositions ou pas. Le directeur lui a répondu on donnera les fonds à Me Ragaud, votre notaire, il en fera ce qu'il voudra, mais nous ne pouvons pas faire autrement, c'est la loi ainsi, c'est le bon sens.

Il n'y a pas de Louis XIX dans des affaires pareilles que personne, excepté moi, vous fera, j'insiste sur ce point, ce n'est pas des billets de banque ou des titres au porteur, néanmoins on a la prétention de regarder ces affaires-là comme de l'argent comp-

tant. On a répondu à M. de Troismonts que son notaire a traîné pendant 8 jours, que vendredi et samedi et dimanche sont 3 jours fériés, qu'on ne pouvait enregistrer l'acte que lundi, reprendre la pièce mardi et donner les fonds mercredi, et que son notaire s'il a confiance en vous peut vous remettre les fonds de suite.

Me Ragaud peut bien critiquer nos affaires, mais refuse de prendre la responsabilité de vous donner de l'argent.

M. de Troismonts est devenu très rouge et n'a pas signé l'acte ; il paraît que vous n'en avez plus besoin, ce sont des choses qui sont très froissantes pour moi, devant un directeur, devant un notaire cela à l'air très enfantin, peu sérieux, il n'y a qu'une seule excuse, c'est que les gens du monde ignorent absolument ce que c'est que les affaires.

En tous cas je regrette et c'est la deuxième fois que j'ai un différend avec vous, de vous faire des affaires infaisables ailleurs et de perdre mon temps, je n'ai rien dit à cause de votre personnalité pour les 200.000 francs que Laubespin a pris mais pour cette fois-ci celà change. J'ai fait un effort étonnant, comme cela se passe comme la première fois, j'ai le droit d'être furieux.

Veuillez agréer, Monsieur le Baron, mes salutations les plus distinguées.

P. M. Siegler,

Signé : Illisible.

Lettre de M. Siegler à M. de Troismonts.

Paris, le 31 Décembre 1908.

Monsieur de Troismonts,
21, Quai Bourbon,
Paris.

Monsieur,

Permettez-moi de vous demander sérieusement ce que toute cette histoire signifie, je ne la comprends pas et certainement ni le Directeur ni le notaire non plus.

Vous avez joué au Louis XIV sur des affaires douteuses de succession, qui ne sont pas des billets de banque. Je regrette que je me donne autant de peine pour arriver à un résultat pareil.

Je ne m'explique pas pourquoi en vous disant que lundi on enregistrera, mardi on reprendra et mercredi vous pouvez avoir les fonds, vous n'avez pas signé; j'en suis convaincu que vous avez rendu le plus mauvais service à M. Pichon.

Agréez, Monsieur le Comte, mes salutations les plus distinguées.

P. M. Siegler.
Signé : Illisible.

Lettre de M. Siegler à M. de Troismonts.

Monsieur de TROISMONTS,
21, Quai Bourbon, Paris.

Paris, le 6 Janvier 1909.

MONSIEUR,

La préposée du téléphone a interrompu notre conversation aujourd'hui au moment où je disais les choses suivantes :

Je n'ai effectivement pas à me louer de ce qui s'est passé jusqu'à présent :

1° **M. de Laubespin que je présente à Me Hasselmann, pour votre compte, fait après une première affaire une deuxième de 200.000 francs et oublie de passer à ma caisse.**

Je n'ai pas besoin de vous dire que c'est uniquement par correction, que je ne lui ai pas fait le procès que j'aurais sûrement gagné.

2° **Vous m'avez chargé d'un deuxième emprunt de 100.000 francs Laubespin, je l'ai fait; la rémunération se fait attendre.**

3° **Vous me chargez de la subrogation de l'hypothèque de l'Hôtel, 17, Quai d'Anjou, je la fais, la rémunération se fait attendre.**

14

4° **Vous me chargez de l'affaire de la succession qui était très difficile à exécuter, je la fais, ét vous trouvez un prétexte dérisoire pour ne pas la signer.**

Vous m'avez demandé si après tout cela je suis encore disposé à vous faire des avances pour le 15. Permettez-moi de vous faire remarquer que l'argent ci-dessus de la Compagnie est toujours prêt à être encaissé, cela vous fera moins à prendre plus tard, mais je crains hélas, qu'il s'est passé quelque chose avec cette affaire que vous ne pouvez pas me confier.

Veuillez agréer, Monsieur, mes salutations les plus distinguées.

Pr M. Siegler,

Signé : Illisible.

B

LE TRAFIC DES PARTS DE LA "CENTRAL BANK"

NOTA. — Le sieur Pichon entra en relations, en 1905, avec un financier bien connu de la justice, **le banquier suisse Demmé**, et s'associa avec lui pour le placement des parts bénéficiaires d'une affaire dite " Central Bank " lancée par Demmé. Le sieur Pichon reçut à un prix avantageux un grand nombre de ces parts : **il les plaça à un taux rémunérateur dans sa famille** (M. Amédée de Vallombrosa) **ou parmi ses amis et ses relations** (M. de Laubespin, Mlle de la Sayette, M. de Montreuil, M. Grenoilleau, son coiffeur même M. Babelon), ou bien **il emprunta ou tenta d'emprunter des sommes considérables en donnant en garantie des parts qu'il possédait et dont il n'ignorait pas la valeur** (emprunt de 500.000 francs à M. de Hoffmann, grand-père de sa femme, tentatives d'emprunt à la banque Berthoud et à la Banque Privée).

Naturellement, la " Central Bank " ne fut qu'une façade ; **Demmé fut arrêté**, les parts tombèrent à zéro et les amis du sieur Pichon perdirent leur argent.

Lettre du banquier suisse Demmé au sieur Pichon.

HÔTEL SCHWEIZERHOF (LUCERNE). *Août, 28-1905.*

M. le Baron PICHON,

15, avenue d'Eylau (Paris).

MON CHER MONSIEUR,

Je vous ai télégraphié ce matin comme suit : « confidentielle, arrangé première combinaison Banque Réunie, jusqu'à quelle date serez-vous Paris, aurai besoin éventuellement premier paiement complémentaire, six cent mille, **amitiés** », ce que je confirme par la présente.

Sachant par votre dernière lettre que vous étiez anxieux de recevoir des nouvelles **au sujet de nos plans de banque**, je me suis dépêché de vous donner les premières nouvelles.

Voilà de ce qu'il s'agit : J'ai depuis longtemps observé une nouvelle banque qui venait de se former à Berne, qui faisait de très bonnes affaires, mais dont l'entourage (conseil d'administration) était mauvais et qui par ce fait s'attirait la mauvaise volonté des autres banques.

Cette banque en question possède une très belle force de placement, et en examinant ces bilans, j'ai constaté qu'elle avait gagné l'année dernière un peu plus de 350,000 sur un capital de 1,000,000 de francs.

J'ai depuis quelque temps essayé d'avoir une option sur

les actions de cette banque et j'ai finalement réussi à les avoir pour 1,000,000 de francs, avec le droit de prendre ou les actions capital ou les parts de fondateur, ces dernières étant naturellement beaucoup plus intéressantes.

J'ai essayé après investigation détaillée d'acheter les parts, et j'ai de suite fait un premier paiement de 400,000 francs.

Mon plan principal est naturellement de combiner cette banque plus tard, comme je vous ai déjà expliqué, avec mes intérêts à Paris (Desrousseaux), Brussels (Brunner), etc.

Toutefois, même seule, sans combinaison, cette banque suisse est une excellente affaire, et **pour commencer notre travail ensemble, je vous propose de faire cette affaire avec moi.**

Je pourrai vous obtenir une place d'administrateur représentant mes intérêts, ce qui vous rapportera pour commencer environ 20.000 francs par an ; **quant au capital engagé, c'est-à-dire les 600,000 pour faire le million nécessaire, vous pouvez compter sur 10 °/₀ à part les commissions pour vous.**

Au moment d'écrire, je viens de recevoir votre dépêche, et je comprends très bien que nous ayions besoin de causer.

Je pars demain pour Zurich, de là je vais à Berne et alors je viendrai à Paris, et je vous annoncerai mon arrivée par dépêche.

Pensez-vous trouver dans vos relations ou famille 600,000 francs ?, Si oui, je considère l'affaire pour vous comme une occasion rare, et un commencement très heureux dans les affaires.

Inutile de vous prier de traiter le contenu de ma lettre confidentiellement.

Excusez la hâte de ces lignes, et recevez, mon cher monsieur, l'expression de mes sentiments **amicaux.**

DEMMÉ.

Le sieur Pichon emprunte 250,000 fr. au grand-père de sa femme et remet en dépôt, comme garantie de cet emprunt, des parts de la " Central Bank ".

Reçu de M. Louis Von Hoffmann la somme de **deux cent cinquante mille francs sur un dépôt de neuf cent dix parts de fondateurs de la Banque Centrale à Berne** que j'ai livrées à la Allgemeine Deutsche Credit Anstalt à Leipzig pour être tenues à sa disposition.

Paris, ce 9 Juillet 1906.

Signé : Baron L. Pichon.

15, avenue d'Eylau.

Le sieur Pichon emprunte à nouveau 250,000 fr. au grand-père de sa femme et remet en dépôt comme garantie de cet emprunt, des parts de la “ Central Bank ”.

Reçu de M. Louis Von Hoffmann la somme de **deux cent cinquante mille francs sur un dépôt de neuf cent dix parts de fondateurs de la Banque Centrale à Berne** que j'ai livrées à la Allgemeine Deutsche Credit Anstalt à Leipzig pour être tenues à sa disposition.

Paris, ce 16 Juillet 1906.

Signé : Baron L. Pichon.

15, avenue d'Eylau.

Lettre de M. Grenoilleau à M. de Troismonts.

Sézanne, le 14 Décembre 1906.

Cher Ami,

Je viens de me concerter avec ma femme et consulter avec elle nos valeurs bonnes et mauvaises; nous avons décidé de vendre pour 16,500 francs de titres **représentant la valeur de 60 parts de Banque Centrale de Berne.**

Je prendrai donc soixante des parts que vous avez eu l'amabilité de mettre à ma disposition.

Je me suis décidé à vendre 195 francs de rente 3 °/₀, russe, 1896, qui ne sont pas dotaux et que j'ai achetés 5,950 francs, mais qui ne me donneront que 4,000 francs, soit 2,000 francs de perte.

Je pense, d'ici quelques années, avec les valeurs que vous voulez bien me céder, rattraper la somme que je perds en vendant aujourd'hui ces titres.

Dans cette affaire, ce qui a engagé surtout ma femme, comme moi, c'est la garantie que vous a donnée M. Pichon, garantie que vous m'avez vous-même offerte très aimablement, pour le cas où vous viendriez à disparaître, puisqu'il faut tout prévoir dans les affaires d'intérêts, même les choses les plus noires.

Vous voudrez bien me dire où il faudra que je vous adresse les fonds que vous recevrez, partie de Nancy et partie de Bordeaux où j'ai des titres en dépôt.

Dès que j'aurai reçu les titres, je vous en adresserai un reçu en attendant les fonds qui arriveront peu de jours après.

Rien de nouveau ici que la pluie et la boue.

Ma femme me prie de vous envoyer toute son amitié, et moi je vous serre bien cordialement les deux mains.

GRENOILLEAU.

P.-S. — Après renseignements pris à la poste, les mandats pour les militaires ne sont périmés qu'au bout de trois mois, M. Duris m'a donc dit que vous aviez jusqu'au 28 Février, il doit donc le conserver à Sézanne.

Télégramme du sieur Pichon à M. de Troismonts.

De Paris, 4 Janvier 1907.

TROISMONTS,

16, rue Victor-Hugo, à Alger.

Urgent ami versé montant parti.

LOUIS.

Lettre du Comte Amédée de Vallombrosa à M. de Troismonts.

Samedi,

CHER AMI,

Ci-joint les 24 coupons Centralbank dont vous êtes assez aimable pour vous charger. Pour ne pas vous embarrasser de l'argent, voulez-vous le faire verser par votre banquier à l'agence AL du **Crédit Lyonnais, 14, rue Royale** à mon compte n° 1658.

Merci mille fois encore et croyez-moi votre bien sincèrement dévoué.

Signé : DE VALLOMBROSA.

Lettre de M. Babelon, coiffeur du sieur Pichon, à M. de Troismonts.

Monsieur le Comte,

J'accepte votre offre et vous ferai remettre par Andrieux les coupons de la Banque de Berne. Au sujet du gaz Marot, pourriez-vous me dire à quel endroit on peut toucher ces coupons à Bruxelles. Je pars samedi matin pour Le Roi et je profiterai de mon court séjour pour toucher cette somme. Je n'ai pas grande confiance dans cette affaire ; **j'attends que le Baron soit de retour pour le consulter à ce sujet.**

Je vous remercie à nouveau Monsieur le Comte et vous prie de croire à mes sentiments les meilleurs principalement pour votre ravissante chevelure ?

Bien à vous,

H. Babelon.

Lettre du sieur Pichon à M. de Troismonts.

Aix-les-Bains, 3 Septembre 1907.

MON CHER CHARLES,

Nous partons demain matin pour Brides-les-Bains (Savoie), Hôtel Lafond.

Dis donc à Andrieux de faire adresser nos journaux de suite à l'adresse ci-dessus.

Je te demande instamment de ne pas différer les deux voyages à Lille et en Suisse. **Si Lille prend tout à 170 francs, donne-lui tout ; mieux vaut tenir que courir ; si au contraire, quand Lille aura pris le maximum, il en reste, tâche de faire absorber le reste par la Suisse.**

Cette question est d'autant plus urgente que, si elle réussissait concurremment avec le rachat des brevets Marot, nous marcherions immédiatement ; nous prendrions de suite l'appartement de la Chaussée-d'Antin pour faire acte vis-à-vis de Vauzelle et encore avant nous ferions nommer Cuny comme ingénieur. . . . .

. . . . . **Je t'en prie encore une fois, presse-toi pour aller à Lille et en Suisse.**

Affections,

LOUIS.

Lettre du sieur Pichon à M. de Troismonts.

Brides-les-Bains, 18 Septembre 1907.

Mon cher Charles,

..... **Parts "Central Bank"** Tâche de te rendre compte rapidement si la Suisse et Lille ne te bernent pas. **Tâche de vendre le plus possible et la plus grande quantité possible de titres.** Surtout tiens-moi bien au courant tous les jours..........

Affectueusement,

Signé : Louis.

Lettre du sieur Pichon à M. de Troismonts.

Brides-les-Bains, 28 Septembre 1907.

MON VIEUX,

Tâche de te presser le plus possible pour les titres, vois comme convenu Rouen et Lille, mais va surtout en Suisse. **N'oublie pas non plus la combinaison d'emprunt sur les titres** ou de faire souscrire à ton nom dans l'affaire baryte.

Signé : LOUIS.

Lettre du sieur Pichon à M. de Troismonts.

..... 4° **N'oublie pas de pousser ton bonhomme de Genève pour les parts bénéficiaires.** Il me semble qu'il s'endort beaucoup. Tu sais combien cette question est grave pour nous.....

Affections,

LOUIS.

Télégramme de MM. Rusillon et Degrange, agents d'affaires à Genève, à M. de Troismonts.

De Genève, 8 Novembre 1907.

COMTE TROISMONTS,

21, quai Bourbon, Paris.

Céderiez-vous parts **à 80 francs**? Réponse télégraphique immédiate.

RUSILLON.

Lettre du sieur Pichon au comte de Troismonts (1908).

17, quai d'Anjou (IVe arr.).

Mon Vieux,

Comme nous avons besoin demain matin avant 10 heures de 1,500 francs pour règler une note et que je ne veux pas envoyer Andrieux chez Berthoud, le matin, pendant que tu y seras toi-même, **veux-tu remettre à Andrieux ou au porteur de ce mot 1,500 francs**. Dès que tu seras revenu de chez Berthoud, je ferai un mot pour Andrieux et il ira dans l'après-midi chercher les dits 1,500 francs. **Je te les remettrai aussitôt car il ne faut pas que tu sois gêné dans tes comptes.**

De même que je t'ai dit que je te complèterai ton départ à 10,000 francs.

Joue très serré demain matin avec Berthoud et, au cas où il ne voudrait prêter que 30,000 francs sur 100,000 (à 300 francs la part), dis-lui que, s'il y a découvert, il sera probablement de 75 à 80,000 francs et que, dans ces conditions, ces 30,000 francs ne sauraient nous intéresser ; parais même assez embêté s'il ne veut pas lâcher plus de 30,000 francs pour 100,000 et demande lui alors combien il voudrait de parts pour arriver au chiffre de 80,000 fr., mais n'aie pas l'air de sauter sur l'idée de donner plus de parts, car, dans ce cas, tu paraîtrais disposer de beaucoup, ce qui serait mauvais pour nous.

Réserve-toi une entrevue avec lui pour terminer cette affaire le lendemain, par exemple, ou l'après-midi même, si cela ne doit pas paraître trop précipité.

Aurais-tu le temps de passer chez Ragot, sans négliger Védrine, qui est très important, et de demander à Lamarque une introduction pour aller dans les Compagnies où nous avons à faire opérer des transferts, car sans cela nous n'en finirons jamais et mieux vaudrait ne recourir aux découverts, chez Berthoud, qu'à la dernière extrémité.

Téléphone-moi autant que possible, en sortant de chez Berthoud, le quantum qu'il prête sur Central Bank, cela me rassurera.

Si tu n'as pas le temps de faire Ragot avant déjeûner, fais-le après, mais surtout boucle par lettre chez Védrine la question délais et la question paiement.

Affection,

L. (Louis Pichon).

Projet de contrat pour la vente des parts, de la main du sieur Dardy (?), corrigé par le sieur Pichon.

26, rue d'Édimbourg.

Je, soussigné, m'engage à verser à M. Maurice Dardy, en rémunération des démarches et frais qu'il a eu à faire **pour mener à bien la négociation de la vente de mes parts bénéficiaires de la Banque Centrale de Berne,** dix pour cent ainsi fixé à forfait sur le montant brut de la vente, commission que je lui verserai en espèces aussitôt que j'en recevrai moi-même le montant, à condition que le prix proposé pour ces parts me convienne.

Il reste bien entendu qu'au cas où ces négociations ne pourraient aboutir, je ne devrai aucune indemnité à M. Dardy pour ses démarches et frais.

Lettre de la Comtesse de Laubespin au sieur Pichon (1908).

MON CHER PETIT LOUIS,

Je vous confie une lettre que je reçois à l'instant de ma cousine de La Sayette et qui nous consterne comme vous pouvez le comprendre. Elle m'affole d'autant plus que j'ai de grands reproches à me faire, puisque **malgré tous les dires de Pierre qui désapprouvait ce placement aux amis, c'est moi qui le leur ai conseillé.** Je sens toute la responsabilité qui pèse sur moi et je suis affreusement inquiète. **Vous comprenez que pour les La Sayette, c'est encore plus grave étant donné leur petite fortune. Mais que vont dire les Montreuil qui en ont pour 44.000 francs et les autres amis ? ? Pour nous, l'année va être dure aussi et nous aurons de la peine à joindre les deux bouts. Nous allons avoir aussi un très gros déficit étant donné la grande quantité de parts que Pierre a prises.** Vous devez comprendre, **mon petit Louis**, combien nous sommes inquiets. Pierre fait retomber tout cela sur moi, disant que malgré lui nous avons traité des affaires avec notre cœur, plutôt que de les traiter avec notre raison et que cela passe encore pour soi, mais pas pour les autres. J'ai hâte de vous revoir pour causer de tout cela avec vous. J'arriverai à Paris mercredi soir, à 7 heures, et espère bien vous voir dès jeudi. Gardez-moi la lettre de Marguerite de La Sayette et nous verrons ensemble la réponse à lui donner.

Je vous embrasse bien tendrement, **mon petit Louis**, ainsi qu'Athénaïs.

Signé : GENEVIÈVE.

Ma belle-mère va être affolée quand elle verra le dividende donné par la Banque cette année et **va redemander à Pierre pour la centième fois ce que deviennent les 400.000 francs.** Pierre va être obligé de lui dire la vérité.

Lettre du sieur Pichon à M. de Troismonts.

Saint-Moritz, 19 Août 1908.

MON CHER VIEUX,

..... **Relance sérieusement tes bons hommes pour la vente des parts de la "Central Bank". Nous pouvons encore en vendre jusqu'à concurrence de 3 à 500 parts, mais certainement jusqu'à 300 sans toucher à celles de Laubespin**........

Affections,

LOUIS.

Lettre du sieur Pichon à M. de Troismonts.

Saint-Moritz, 21 Août 1908.

Mon cher Vieux,

..... Pousse dur pour les parts de la "Central Bank".....

Affections,

Louis.

Télégramme de MM. Rusillon et Degrange, agents d'affaires à Genève, à M. de Troismonts.

De Genève, 16 Septembre 1908.

Comte Troismonts,

21, quai Bourbon, Paris.

Avons engagement 300 parts **à 80 francs,** jusqu'au 19 courant. Réponse télégraphique si envoyez titres.

Rusillon.

Lettre de MM. Rusillon et Degrange, agents d'affaires à Genève, à M. de Troismonts.

Genève, le 19 Septembre 1908.

Monsieur le Comte de Troismonts,

21, quai d'Anjou, Paris.

Nous vous confirmons notre lettre du 17 courant qui s'est croisée avec votre dépêche du même jour, nous annonçant l'envoi de 120 parts que nous avons reçues.

Nous ne pouvons que vous confirmer les termes de notre lettre et espérons que vous nous enverrez sans retard le nombre de titres qui pourrait nous être demandé, ensuite des offres que nous avons faites.

Ci-inclus nous vous remettons en couverture des 70 parts vendues, deux chèques de fr. 4.270 et fr. 994 à votre ordre sur Paris dont veuillez s. v. p. nous accuser réception.

Dans l'attente de vous lire.....

Rusillon et Degrange.

Deux chèques.

BORDEREAU

Vente de 70 parts Central Banck à 80...	Fr. 5.600 »
Moins commission de 4,80................	336 »
	Fr. 5.264 »

Lettre du sieur Pichon à M. de Troismonts.

Venise, 28 Septembre 1908.

Mon cher Vieux,

..... **As-tu pu vendre des parts et combien?**..... As-tu fait marcher Mayer dans ses parts pour cette vente? Il me semble que pour une aussi petite quantité il devrait arriver à un résultat.....

Affectueusement.

Louis.

Télégramme de MM. Rusillon et Degrange, agents d'affaires à Genève, à M. de Troismonts.

De Genève, 1er Octobre 1908.

Comte Troismonts,

21, quai Bourbon, Paris.

Vendu 40 parts Centralbank. Espérons vous faire promptement prêt hypothécaire à bon taux. Envoyez renseignements demandés.

Signé : Rusillon.

Lettre de M. Cendrier à M. de Troismonts.

62, rue du Rocher. *Jeudi 2 Juillet.*

Monsieur,

Nous avons écrit lundi à M. le Baron Pichon que toutes les conditions de sa dépêche étaient acceptées (40.000 francs comptant, vente à reméré, exercice du réméré dans un délai de 48 heures).

Je lui ai envoyé les contrats à signer lui ajoutant un pouvoir pour que nous puissions toucher afin de lui éviter de revenir.

Il serait nécessaire qu'il nous renvoie les contrats le plus tôt possible car on peut toujours craindre que cette offre avantageuse nous soit retirée.

Voulez-vous, comme je vous l'ai téléphoné, lui télégraphier ou me dire si je dois faire à nouveau les contrats que je pourrais vous faire porter avant le courrier de six heures ; car il est utile d'aller vite si on veut réaliser cette affaire.

Veuillez agréer,

Signé : G. Cendrier.

Nota : Il s'agit, comme on le verra par les pièces suivantes, de la vente à réméré par le sieur Pichon à un banquier de 1.470 parts pour 40.000 francs, ce qui met la part à 27 francs.

Lettre de M. Cendrier au sieur Pichon.

62, rue du Rocher. *Jeudi 2 Juillet.*

MONSIEUR,

Je vous ai envoyé lundi une lettre à votre hôtel où on m'a dit qu'elle vous avait été adressée mardi soir.

Cette lettre vous disait que le banquier acceptait tous les termes de votre dépêche. Mais il y a urgence à liquider l'affaire pour que Daudet ne reprenne pas sa parole.

M. de Troismonts m'a téléphoné ce matin. Je lui ai expliqué comme quoi si on voulait profiter de l'offre, c'était urgent. Dans ma précédente lettre nous avions mis les contrats dont vous aviez précédemment accepté la rédaction avec un pouvoir nous permettant de donner quittance de la somme de 40.000 francs.

Nous les faisons refaire et nous vous les envoyons ci-joint. Nous vous prions de vouloir bien nous télégraphier à la réception de cette lettre.

Agréez...

Signé : G. CENDRIER.

Je vous envoie ces contrats au cas où les autres auraient été égarés.

Projet d'acte de vente de parts de la "Central Bank" par le sieur Pichon.

Entre les soussignés :

1° Monsieur le baron Pichon, demeurant à Paris, 17, quai d'Anjou,

D'une part ;

2° Monsieur Daudet, banquier, demeurant à Paris, 51, rue Laffite,

D'autre part ;

Les conventions suivantes ont été arrêtées et réciproquement acceptées ;

Monsieur le baron Pichon, par ces présentes, cède et vend en toute propriété à Monsieur Daudet, qui accepte, sous réserve de la clause de réméré ci-dessous, **quatorze cent soixante-dix parts** de la Banque Centrale de Berne, portant les n[os]
moyennant la somme de **quarante mille francs.**

De convention expresse entre les parties, la vente ci-dessus sera résiliée de plein droit et Monsieur le baron Pichon pourra reprendre, pendant le délai d'une année à compter de ce jour, et jusqu'au 1909, lesdites parts, en remboursant à Monsieur Daudet la somme de quarante mille francs augmentée des intérêts à raison de 0,50 par mois, à compter de ce jour, le tout conformément aux articles 1659 et 1673 du Code civil.

Dans le cas où Monsieur le baron Pichon voudra, pendant le délai d'un an et jusqu'au ; exercer la faculté de réméré, il devra en prévenir par lettre recommandée Monsieur Daudet qui, quarante-huit heures après la réception de ladite lettre, devra remettre à Monsieur le baron Pichon, contre versement de la somme de quarante mille francs, augmentée des intérêts ci-dessus stipulés, lesdites parts.

Passé le délai d'un an à compter de ce jour et expirant le Monsieur Daudet deviendra propriétaire incommutable desdites parts.

Fait double à

Projet de pouvoir donné par le sieur Pichon pour toucher l'argent provenant d'une vente de parts de la " Central Bank ".

Je soussigné, baron Pichon, demeurant à Paris, hôtel de Lauzun, quai d'Anjou, 17,

Donne par ces présentes à MM. Cendrier et Hébert, demeurant à Paris, rue du Rocher, n. 62,

Pouvoir de, pour moi et en mon nom, toucher de M. Daudet, banquier, demeurant à Paris, rue Laffitte, 51, ou de tous autres qu'il appartiendra, la somme de quarante mille francs, montant en principal de la vente à réméré consentie par moi audit M. Daudet, de quatorze cent soixante-dix parts de la " Central Bank " de Berne, donner bonne et valable quittance de ladite somme, la tenant maintenant pour valable et libératoire, signer tous reçus, substituer et en général faire le nécessaire promettant aveu et ratification.

Le

Lettre de MM. Rusillon et Degrange, agents d'affaires à Genève, à M. de Troismonts.

Genève, le 3 Novembre 1908.

Monsieur le Comte de TROISMONTS,

Paris.

Nous avons vendu encore dernièrement 50 parts de la Banque Centrale.

Ci-inclus nous vous en remettons le règlement en deux chèques sur Paris,

de Fr. 3.050,

et Fr. 700. — Total Fr. 3.750, suivant compte ci-dessous.

Il ne reste que dix parts que notre correspondant a en mains et dont il nous annonce le paiement pour lundi ou mardi.

Si vous pouvez nous en mettre encore à disposition nous croyons pouvoir les écouler aussi, dans un assez court délai.

Avez-vous traité avec M. Largier, l'hypothèque de M. P.? Nous sommes sans nouvelles de lui depuis quelques jours.

Veuillez agréer.....

L. RUSILLON et DEGRANGE.

Deux chèques.

BORDEREAU

Vente de 50 parts " Central Bank " à 80.		Fr. 4.000 »
Moins commission 6 %.............	240.	
Frais, chèque, change.............	10.	250 »
		Fr. 3.750 »

Lettre du sieur Pichon à sa femme.

GRAND-HÔTEL D'EUROPE.

Saint-Pétersbourg, 20/2 Décembre 1908.

Mon cher amour adoré, mon pauvre petit oiseau bleu, mon cher rayon de soleil... Voilà bien longtemps que je ne t'avais écrit, parce que voilà bien longtemps que je ne t'avais quittée.

Tu devines combien je suis triste de te savoir voyageant toute seule et malade, loin de toi, et de ne pouvoir te venir en aide si tu avais besoin de quelque chose... Je ne suis pas bien fort pour soigner, mais j'y mets chaque fois tellement de mon cœur qu'il me semble que je dois te faire un peu de bien. J'espère que tu auras reçu la dépêche que je t'ai envoyée à Berlin, te disant combien je t'aime et combien je me soigne, puisque tu es inquiète sur mon sort. J'espère que tu auras trouvé tout ce qu'il te fallait à la maison et que ton rhume aura diminué avec la chaleur du wagon.

Ne t'énerve pas à Paris pour les affaires, d'autant qu'étant donné la dernière lettre de Troismonts sur Ragot, **il me semble que tu dois obtenir facilement 90,000 francs,** et cela assez rapidement ; dans tous les cas n'y mets pas trop de nerfs, cela n'avancerait pas les choses et te rendrait malade inutilement.

Je viens de recevoir une dépêche de Pierre, qui peut aider à solutionner peut-être l'affaire des parts avec la Banque Privée de Lyon. Tu te rappelles que tu regrettais que je ne sois pas à Paris pour en parler tout de suite à des Rozières, et tu voulais même y envoyer Troismonts ; autant je te disais que je trouvais Troismonts peu qualifié pour traiter l'affaire avec Rozières, autant je trouve que Pierre, présent à Paris, est tout qualifié pour présenter **adroitement** la question à des Rozières. D'après la dépêche suivante, Pierre y serait le 8, pour probablement au moins la journée, mais je t'avoue qu'il aurait mieux valu qu'il traitât l'affaire tout tranquillement dans le train avec des Rozières, soit à l'aller, soit au retour et peut-être aussi à Berne, que dans quelques minutes d'entretien, le 8, dans le bureau de des Rozières à Paris.

En conséquence pour te permettre de bien diriger la question avec Pierre et afin que celui-ci ait le plus de temps possible pour la traiter avec doigté, plutôt que d'emblée le 8 janvier, j'ai télégraphié ceci à Pierre :

> « Obligé prolonger ici quelques jours, mais faites
> « impossible pour aller voir Athénaïs rentrée Paris avant
> « Berne soit le 6 elle vous communiquera pour Rozières
> « question très importante mais parlez pas avant avoir
> « vu Athénaïs **allez coucher Lauzun**. »

De cette manière j'espère qu'il avancera son départ et qu'il ira te voir le 6, **fais-le coucher à la maison**, ceci est un bien petit dérangement pour toi, **c'est beaucoup pour lui, car tu sais qu'il est économe et cela le touchera beaucoup**. N'oublie pas que s'il est adroit il peut obtenir cela de Rozières et **la démarche de Pierre aura l'avantage de ne pas me démasquer, d'ailleurs à la fin nous ferons signer le contrat entre Rozières et Troismonts**. Voici les points importants de ta conversation avec Pierre :

1° **Bien insister sur l'avancement de la question ici certitude pour nous d'avoir les travaux qui laissent en six ans un**

bénéfice de 12 millions 1/2. Certitude (dis-le à Pierre) d'avoir l'emprunt de 100 millions de roubles et peut-être celui de la Volga. D'ailleurs je ne pense pas que tu aies de mal à être éloquente car je pense bien que tu es convaincue de la certitude que nous avons d'avoir les travaux **sinon l'emprunt; mais je te conseille de dire les deux à Pierre, car plus tu lui dépeindras la beauté de l'opération, plus il sera emballé et plus il marchera fort avec Rozières, peut-être même consentirait-il à dire à Rozières que c'est pour lui. Cette parole est-elle meilleure ou vaut-il mieux laisser reposer cela sur Troismonts.** Je laisse cela à ton jugement mais je crois cependant que Rozières préférerait rendre service à Pierre qu'à Troismonts et ensuite parce qu'il connaît le sérieux du caractère de Pierre.....

2°..... En disant (avant même qu'il n'ait fait ces questions) que tu demandes à ton oncle allemand ou à ta famille allemande leurs parts, **tu laisses glisser dans la conversation que tu demandes à ton grand-père quelque chose de beaucoup plus important** *a)* **le cautionnement** *b)*, **les fonds de roulement, soit ensemble un million de francs** et que tu ne peux tout lui demander, que tu préfères demander un petit service à ta famille allemande et le gros à ton grand-père. **Je te conseille de dire à Pierre que c'est déjà chose entendue avec ton grand-père,** lorsque j'apporterai avec moi toutes les pièces.

Pierre pourrait alors te dire : « Pourquoi Louis ne le fait-il pas sous son nom? » Tu réponds, parce que comme Louis va négocier l'emprunt de 100 millions de roubles avec des Rozières, probablement aussi l'emprunt d'Astrakan, aussi 7 millions de roubles et peut-être faire un jour avec la Banque Privée et les Anglais une banque pour des emprunts communaux, il ne faut absolument pas avoir l'air d'avoir besoin d'argent, sans cela il se coule dans l'esprit de des Rozières, le crédit est une chose plus fragile que le cristal!!! »

Pierre n'a qu'à invoquer un prétexte quelconque de politique, ou d'affaire industrielle, ou mieux encore de travaux en Bretagne, mais ça, si tu ne peux l'aider à trouver des arguments, laisse les lui trouver tout seul. **Ce qu'il faut absolument, c'est que Pierre fasse cela à son nom. Dis-lui bien que c'est non seulement la planche de salut pour nous, mais aussi la fortune et une fortune inespérée, qui rentrera d'une manière régulière et avec toutes les garanties possibles.**

3° Nombre de parts, 1.800. Durée de l'emprunt, si possible un an par trois mois renouvelables, mais ne pas être bouclé autant que possible au bout de six mois. Les coupons garantissent l'intérêt, Pierre devra se défendre très fort pour le quantum prêté sur chaque part. Dis bien à Pierre surtout de ne pas commencer par dire à des Rozières qu'il a 1.800 parts, surtout pas cela, **qu'il demande 200 francs par part, puisqu'elles valent 300 francs, si Rozières ne veut pas, alors 180, puis 175, puis 158. Le chiffre de 150 francs = la moitié de la valeur. Si Rozières ne veut encore pas, alors 140 puis 130, mais autant que possible pas moins de 125 ou 120 francs, et ensuite Pierre lâchera le nombre de parts qu'il faut. Si Pierre disait avant toutes choses qu'il a 1.800 parts, des Rozières les prendrait pour rien.**

Si Rozières lui disait alors à brûle-pourpoint : « combien vous faut-il ? », qu'il réponde, quand il aura le quantum prêté par part : « 250.000 francs, et je ne veux pas vendre mes parts parce que je les estime au moins à 300 francs, surtout maintenant que la Banque privée est dans l'affaire. »

4° Que Pierre fasse très attention au sujet de ce qu'il dira en ce qui me concerne et l'emprunt de Saint-Pétersbourg. Que Pierre surtout, quand il parlera de moi à Rozières, dise : « Vous savez que vous avez donné votre parole à Pichon de ne pas parler à votre maison ni à Chevilly, ni à qui que ce soit de cette question. Pichon s'est ouvert à vous parce qu'il sait par moi que vous n'avez qu'une parole, mais surtout rappelez-vous que vous ne devez en parler à qui que ce soit. Eh bien maintenant je puis vous dire que j'ai reçu d'excellentes nouvelles de Pichon, que tout va bien, mais que Pichon m'a chargé de vous rappeler votre parole et que si vous la teniez vous n'auriez pas à le regretter avec lui ».

N'oublie pas, je t'en conjure, ma recommandation. **sans cela Pierre va gaffer, et s'il ne boucle pas Rozières comme je l'ai fait moi-même à mon départ, il va être pompé et il faut absolument que des Rozières soit bouclé, tu dois en comprendre l'importance.**

Je crois, mon trésor adoré, t'avoir exposé la question pour Pierre aussi complètement que possible. Si je l'ai fait autant en détail, ce n'est pas, crois-le bien, parce que je ne te crois pas capable de trouver les mêmes arguments que moi, mais c'est parce que j'ai voulu t'éviter de chercher ces arguments qui me viennent tout seuls et te faciliter, autant que ma tête et mon cœur peuvent le faire pour toi, **tout le travail que tu veux bien faire pour moi à Paris.** Tu verras ainsi, mon cher amour, que je ne me défile pas des difficultés de Paris, mais autant je trouvais que ni Pierre de Gouillon ne pouvait traiter cette question, ni Troismonts avec Rozières, autant je trouve que puisque nous avons la chance inespérée que Pierre passe à Paris le 6, tu peux faire tout cela avec lui aussi bien que moi-même.

Je me soigne très bien. Tchitschoff a téléphoné à 10 heures ce soir pour dire qu'il avait reçu l'ordre de Stolypine par........... de se tenir à ma disposition. Balkin dit que dans le téléphone la voix de Tchitschoff était radieuse : il enterre sa mère demain dimanche, il me donne rendez-vous lundi à 6 heures ; je t'écrirai aussitôt après.

Comme cordes à ton arc, il te reste Ragot pour 90,000 fr., Trentinian pour 200,000 au moins, Pierre pour 250,000 au

moins (n'oublie pas de dire à Pierre que la vie ici est affreusement chère, que c'est pour cela que j'ai renvoyé Troismonts à Paris) cela le calmera pour ses intérêts. S'il insiste, dis-lui que j'ai un peu d'argent à toucher avant janvier et que je lui enverrai aussitôt (il te reste aussi les traites avec le fils Masson).

Tant que Trentinian ou Rozières ne se verront pas engagés, ne dis pas à Cellier que tu le rembourseras. Peut-être faut-il attendre le retour de Pierre pour dire à Cellier que tu le rembourses ou pas, peut-être est-ce plus prudent de le prévenir, de toute façon avant le 8. **En cela tu peux suivre le conseil de Troismonts.** L'échéance est, je crois, le 15 Janvier.

Surtout n'arrête rien avec Lisch pour les cariatides ou le plafond du petit salon, d'abord parce que j'ai très peur que le père Lisch nous pousse par égard pour Verlet à accepter quelque chose de laid et ensuite parce que **plus nous tarderons à répondre plus nous paierons tard.** Dis que tu ne peux rien accepter sans moi.

Et maintenant, mon cher trésor, il est bien tard, je ne fais que te serrer tristement sur mon cœur puisque tu n'es pas là, je te couvre de mes baisers les plus tendres et les plus amoureux de la tête aux pieds comme je t'adore.

Ton Louis (for ever).

Lettre de M. de Laubespin au sieur Pichon.

Chateau de Gouillon, Miniac-Morvan (Ille-et-Vilaine). 9-1-1909.

Mon cher Louis,

Ma dépêche vous aura appris qu'il n'y a rien à faire avec la Banque Privée, **cette maison, comme toutes les autres ne prête que sur des titres cotés en Bourse.** J'ai demandé à Rozières si la Banque Centrale ne pourrait pas elle prêter sur ses propres titres, il m'a répondu qu'en principe une banque ne prêtait pas sur ses propres titres, que comme administrateur il le déconseillerait.

Il serait trop long de vous raconter ici le conseil de jeudi, Athénaïs vous en fera le récit à votre retour à Paris. Vous verrez que nos affaires sont assez embrouillées ; je crois que nous en sortirons, mais nous aurons probablement une diminution de dividende, pour pouvoir constituer des réserves, ce que Demmé avait négligé de faire. Si nous parvenons à écarter le groupe italien, tout marchera bien, mais s'ils mettent la main sur la Banque, cette dernière est flambée ....

Voilà, mon cher Louis, toutes les réflexions que je me suis faites cette nuit en revenant à Gouillon ; de tous côtés des points noirs ? **Marguerite de la Sayette demande pour octobre qu'on lui fasse vendre au moins 100 parts Berne à 285 soit 28.500,** elle veut acheter en Anjou une ferme qui touche ses terres ; **son**

fils me redemande encore de lui racheter les 10 parts qu'il possède, et hélas m'envoie tout un questionnaire mais lui au moins ne veut pas vendre, où trouverons-nous 28.000 pour les La Sayette ??...

Je vous quitte, mon cher Louis, mais je vous assure que les débuts de cette année ne sont pas roses, je voudrais bien être plus vieux de quelques semaines, mais si tout doit mal tourner, quel gouffre !

Je vous embrasse tendrement.

PIERRE.

Lettre de M. Pichon à sa Femme.

GRAND HOTEL D'EUROPE *Saint-Pétersbourg, le 15 Janvier 1909.*

Mon Cher rayon de soleil.. ....

....

J'ai oublié de te renvoyer la lettre de Trentinian. Comme tu le verras, elle est très aimable mais il dit non. Cela n'a d'ailleurs autrement pas d'importance, et si véritablement nous pouvons réussir soit avec la R. de l'Université, soit avec Gouillon, soit enfin avec tous les deux, cela vaudra beaucoup mieux pour nous, car ainsi nous ne perdrons pas nos pauvres petits bénéfices dont nous avons tant besoin.

J'ai également oublié de te dire que je ne sais pas si tu feras bien de laisser Balkin voir ton grand-père ; il ne faudrait pas que le dit Balkin indiscret et mal élevé comme il l'est, aille demander à ton g. p. comment il compte faire pour l'emprunt de 100.000.000 R., s'il pense que le taux sera avantageux, s'il est bien sûr pour les fonds de roulement, pour le cautionnement, etc. Bref un tas de questions qui pourraient indisposer ton g. p. et qui, vu les réticences de ton g. p. laisseraient peut-être supposer à Balkin qu'il ne s'intéresse pas du tout à la chose. Je crois qu'il vaudra donc mieux qu'ils ne se voient pas à moins que ton g. p. ne nous lâche pas..... Si je t'en parle dans cette lettre, c'est parce que je crois que l'entrevue avec notre grand-père ne peut pas nous servir, à moins évidemment de raisons imprévues.

TON LOUIS.

Lettre de MM. Rusillon et Degrange, agents d'affaires à Genève, à M. de Troismonts.

Genève, le 16 Janvier 1909.

M. le Comte de Troismonts,

21, quai Bourbon, Paris.

Nous avons reçu en son temps votre réponse télégraphique du 12 courant, nous fixant le prix minimum de 110 francs, et le 20 comme dernier délai.

A ce prix de 110 francs, déjà précédemment fixé, nous n'avions pu trouver d'acheteurs. Nous avons prié nos correspondants de nous transmettre néanmoins les offres qui pourraient leur être faites à un prix inférieur et nous vous les soumettrons le cas échéant.

Nous croyons que si vous nous aviez fixé une limite plus rapprochante avec le dernier prix de **80 francs,** auquel nous avons vendu les derniers titres, l'opération eut été plus facile et plus promptement traitée.

Agréez.....

Signé : Rusillon et Degrange.

Lettre du sieur Pichon à M. Amédée de Vallombrosa.

Astrakan, 1909.

MON CHER AMÉDÉE,

C'est des bords de la mer Caspienne que je vous adresse ce mot, n'ayant pu, à mon regret, le faire plus tôt de Pétersbourg...

J'habite en ce moment une des villes les plus curieuses que j'ai jamais vues et j'ajouterai très agréable, puisque le climat est presque comparable à celui du Midi de la France.

La proximité de la Perse ajoute un regain de couleur locale, et c'est au milieu des Perses, Tartares, Kalmucks, Kirguis, Arméniens, Russes, etc., qu'on se promène et qu'on vit. La ville est admirablement découpée et fort bien bâtie, seuls le pavage des rues et leur entretien laissent beaucoup à désirer, il y a des ornières de trente et quarante centimètres, mais comme on se véhicule toujours en voitures à roues caoutchoutées, les pieds ont moins à en souffrir qu'autre chose..... il y a les tramways électriques, l'éclairage électrique, bref un confort que je ne m'attendais pas à rencontrer. Ajoutez à cela un commerce de poissons, de fruits, de peaux, etc,, qui se monte à des centaines de millions de francs, des gens excessivement aimables, tous commerçants, sur le modèle de ceux des mille et une nuits, et vous aurez une image encore incomplète d'Astrakan, la perle de la mer Caspienne.

Je suis très satisfait de tout cela et surtout de mes négociations, mais je ne veux pas me laisser entraîner à vous dépeindre des beautés et des avantages que je désire que vous connaissiez un jour par vous-même, et je tiens, puisque j'ai quelques secondes devant moi, à vous dire que, puisque cette année le coupon de la "Central Bank" est inférieur à celui de l'année dernière, je désire absolument vous le compléter sur la même base que le dernier, dès mon retour à Paris, ou dès que je connaîtrai l'époque du paiement dudit coupon.

Il s'est élevé une lutte stupide entre les premiers propriétaires de la "Central Bank" et les nouveaux, naturellement c'est sur le dos des actionnaires que la rivalité se passe, mais ceci, à mon avis, n'infirme en rien la valeur de la maison qui, avec la prévision de l'impôt sur le revenu et l'exode des capitaux français, reste et restera longtemps encore une maison d'avenir.....

En hâte, mon cher Amédée, je vous envoie toutes mes affections à partager entre Adrienne et le petit.

Signé : Louis.

Lettre de la " Banque Centrale " à M. Grenoilleau.

Banque Centrale (Berne). *Berne, 20 Février 1909.*

Monsieur Grenoilleau,

Propriétaire,

à Jau-Médoc (Gironde).

Nous avons l'honneur de vous accuser réception de votre lettre du 18 courant et devons vous informer que **les parts de fondateur de notre Banque n'ont pas de cours en ce moment**.

Nous ne pouvons vous faire connaître les résultats du dernier exercice, le rapport du Conseil n'étant pas encore terminé ; il le sera probablement dans le courant du mois prochain.

Bien à votre disposition.

Nous vous prions d'agréer.....,

Banque Centrale.

Lettre de MM. Rusillon et Degrange, gérants d'immeubles à Genève, à M. de Troismonts.

Genève, le 25 Février 1909.

Monsieur le Comte de TROISMONTS,

21, quai Bourbon, Paris.

Aussitôt en possession de votre dépêche d'hier, nous avons avisé notre acheteur que le titre de dix parts était à sa disposition avec coupon.

Nous recevons une réponse de lui qui confirme sa première assertion quant à une non-distribution de dividende. Cette nouvelle a eu pour effet l'annulation de son ordre du 13 courant, qui n'a pas été exécuté selon les règles et le délai d'usage.

Il aurait cependant l'écoulement de 30 parts à **70 francs.** Si vous êtes disposé à ce prix, télégraphiez.

Nous lui avons annoncé ensuite que nous avions 600 parts à disposition, et l'avons vivement engagé à les placer. La commission que nous lui avons allouée l'engagera à les écouler.

A vous lire, nous vous prions.....

Signé : RUSILLON et DEGRANGE.

Lettre de M. de Laubespin à M. de Troismonts.

5-11-1909.

...... **Tous les journaux parlent de l'arrestation de Demmé et de Naegli ;** que va-t-il arriver pour la Banque Centrale? J'ai demandé à Louis des renseignements, si vous pouviez voir Berthou, j'en serais bien aise, car les lettres de Louis sont bien rares.

Veuillez offrir mes hommages à Mme de Troismonts et croyez-moi bien à vous.

LAUBESPIN.

Lettre de la " Central Bank " (en liquidation), à M. Louis de Vallombrosa.

CENTRAL BANK (Bern). *Zurich, le 28 Novembre 1912.*

Monsieur le Duc DE VALLOMBROSA,

31, boulevard Haussmann, Paris.

Nous avons l'honneur de vous accuser réception de votre lettre du 26 courant et de vous adresser sous bande, conformément à votre désir, le dernier rapport publié par notre établissement, c'est-à-dire le rapport pour l'exercice 1910, **notre établissement étant en liquidation depuis Avril 1911.**

Quoique cette liquidation ne soit pas encore terminée, il est d'ores et déjà certain que **seules les actions de priorité auront droit à une répartition.** En effet, leur quote-part ne devant être que d'environ 925 francs au lieu de 1,200 francs, **les actions ordinaires et les parts bénéficiaires ne pourront rien toucher, suivant les statuts. Il ressort donc de ces renseignements que ces derniers titres n'ont plus aucune valeur.**

Veuillez agréer, Monsieur, nos salutations très distinguées.

" CENTRAL BANK " LIQUIDATION,

D. THALBERG.

C

LE JEU

Le sieur Pichon envoie sa femme jouer à Monte-Carlo
en compagnie de M. de Troismonts.

Lettre du sieur Pichon à sa femme qu'il a envoyée jouer à Monte-Carlo (1908)

17, quai d'Anjou. *Samedi soir.*

Mon amour chéri, je t'ai écrit ce matin, mais j'ai deux secondes et j'en profite pour t'envoyer la lettre de ton grand'père et celle que j'ai répondue, parce que je ne peux pas faire autrement que de témoigner un peu ; j'espère que tu approuveras ce que j'ai dit et fait, bien que j'ai toujours peur de te mécontenter quand il s'agit de ton grand'père. Ce matin, il m'a fait demander par le téléphone ton adresse, je lui ai répondu que le mieux était de t'adresser ses lettres ici, parce que tu rayonnais en automobile et qu'ainsi, je pourrais mieux les faire suivre.

D'après la lettre qu'il t'écrit, **je vois que ça a parfaitement pris.**

Ne t'inquiète pas pour tes frères, il n'y a rien d'urgent.

Je fais l'impossible et me démène comme un diable pour tâcher de trouver un remplaçant, mais **dis-moi donc si l'on ne pourrait pas arriver à comprendre leur jeu et à se passer d'eux à un moment donné ? ? ?...**

Sinon, il faudra bien faire attention à ce qu'ils ne quittent pas Monte-Carlo et qu'ils ne nous laissent pas en place.

Voici mon mot à ton grand'père : « Monsieur le Baron, excusez-moi je vous prie de ne pas avoir encore été vous remercier de vive voix des communications téléphoniques que vous m'avez fait faire, mais j'ai été surchargé de travail; **d'ailleurs, depuis le départ de Troismonts, j'ai double besogne.**

Athénaïs préfère prolonger un peu son séjour **à la campagne,** parce que étant en deuil, elle ne pourrait profiter de la vie de Paris, mais elle me dit qu'elle va très bien, ce qui est l'essentiel. J'espère que vous allez mieux que dans le Midi et que vous n'avez pas eu de nouvelles douleurs depuis votre retour à Paris, j'ai bien pris part à votre indisposition et je fais des vœux pour que vous n'en soyez plus incommodé. Veuillez agréer, etc...

Voilà mon cher trésor ce que j'ai fait et écrit, j'espère que tu seras satisfaite ainsi, je t'embrasse de tout le fond de mon cœur qui t'adore et qui ne bat que pour toi.

Ton Louis.

Lettre du sieur Pichon à sa femme, qu'il a envoyée jouer à Monte-Carlo.

17, quai d'Anjou.

Ce 21 Mai 1908.

Mon cher trésor adoré, mon cher ange, mon oiseau bleu, mon rayon de soleil.

Je viens de mettre de l'ordre dans la correspondance et je ne veux pas aller me coucher tout seul dans ce grand lit bien tristement sans toi, sans t'avoir répété mon amour.

Je souffre de penser que tu as la préoccupation d'être reconnue à Monte-Carlo, je souffre de te voir faire quelque chose qui t'ennuie ou plutôt te répugne et je voudrais te remplacer, mais comment faire pour m'occuper ici des choses courantes et importantes et m'attabler en même temps là-bas ?

Je voudrais tant te rendre parfaitement heureuse et je m'aperçois bien que mes gaffes financières ont pour résultat de te causer de grosses inquiétudes. Je t'en supplie, mon cher trésor, ne te laisse pas aller à te décourager..... **Je te promets de lutter pour réparer mes erreurs,** sans défaillance, et dis-toi bien que je t'adore chaque jour davantage, parce que chaque jour je t'admire davantage.

Ne sois pas trop nerveuse là-bas, les résultats seront ce

qu'ils seront ; il ne faut pas te faire de mal à chercher à mieux faire que ce qui est possible.

Je m'aperçois, en t'écrivant, que je ne sais où t'adresser cette lettre chargée..... Pourvu que tu penses à me télégraphier l'adresse de l'hôtel où tu vas descendre dans le cas où, contrairement à ce qu'on m'avait dit, le Victoria serait fermé. Enfin, je vais télégraphier à Andrieux d'aller voir au Victoria si tu y es descendue, et j'espère pouvoir faire partir cette lettre aujourd'hui quand même.

Sois bien sûre que je vais me soigner comme je te l'ai promis et toi-même mon cher trésor promets-moi de faire une promenade en voiture tous les soirs avec Flavie et de manger bien régulièrement 3 fois par après-midi, sans compter le petit déjeuner du matin.

Si par hasard tu voyais un moyen de faire entrer Andrieux, télégraphie-moi les pièces dont nous pourrions avoir besoin et je m'occuperai tout de suite de les faire établir, mais j'ai bien peur qu'il ait parlé de quelque emploi qui rende son admission impossible, peut-être pourrait-il se servir de la patente de son père quand celui-ci était marchand de vins ; une autre idée me vient, comment vais-je pouvoir télégraphier à Andrieux, puisque je ne sais pas s'il est descendu à cet hôtel sous son vrai nom ou sous un autre nom..... Pourvu que tu aies la présence d'esprit de me télégraphier le nom de ton hôtel.

Mon cher trésor, mon cher amour, j'espère au moins, que pendant que je t'écris ces lignes tu es bien installée dans ton wagon et que tu dors.

Tâche là-bas de ne plus avoir d'insomnies, cela te fatiguerait beaucoup et risquerait de t'énerver davantage.

En rentrant de la gare, Salambo a bien nourri ses petits,

moi j'ai bien mangé pour te faire plaisir et j'ai pris mes médicaments.

Soigne-toi bien là-bas, mon cher amour, tu sais que tu es ma vie, mon trésor, tout ce que j'aime, ménage donc et soigne ce que j'ai de plus précieux.

Je te serre sur mon cœur de toutes mes forces et je te couvre de mes baisers les plus tendres et les plus amoureux, de la tête aux pieds.

TON LOUIS,

For Ever.

Lettre du sieur Pichon à sa femme qu'il a envoyée jouer à Monte-Carlo

17, Quai d'Anjou *Ce 21 Mai 1908, 9 h. du soir.*

Mon cher trésor adoré, je n'ai pas reçu encore de dépêche de toi ce soir, mais l'essentiel est que j'ai reçu ce matin celle qui m'annonçait ta bonne arrivée et je t'avoue que j'ai poussé un grand soupir de soulagement, car j'avais peur ou que tu sois malade, ou que tu ne dormes pas, ou qu'il t'arrive quelque chose enfin.... tu es bien arrivée et comme tu me dis qu'il fait un temps magnifique, **j'espère que tu n'auras pas été trop dégoûtée en arrivant à Monte-Carlo. J'espère que la journée n'aura pas été mauvaise et peut-être même bonne mais il vaut mieux ne pas espérer pour ne pas avoir de déception.**

Andrieux arrivera, d'après ce que tu m'as télégraphié, samedi matin ; je verrai avec lui, s'il y a quelque chose à tenter pour lui fournir des pièces, mais d'après la lettre qu'il nous a écrite à tous les deux, j'en doute........ Il croit qu'en disant qu'il était commerçant et par conséquent pas employé cela aurait facilité les choses, j'en doute, car un commerçant comme un voyageur de commerce doit avoir une patente..... bref, je verrai.

J'ai trouvé en me couchant hier soir ton adorable petit mot et cela m'a fait bien plaisir de lire ta chère écriture ; tout est ici bien triste, sans toi je t'assure.... il n'y a pas de palais doré qui remplace le vrai amour. Surtout ne prends pas la peine de m'écrire, je sais que tu penses à moi, tu m'enverras chaque soir une dépêche et je serai content de penser que tu ne te fatigues pas trop et que tu te soignes bien.

Je suis exactement toutes les prescriptions du médecin et me porte très bien. Je me suis occupé aujourd'hui de l'auto, du cheval, je crois qu'on arrivera à se défaire des deux.

Paul qui avait été à l'enterrement de la nièce de William est tombé à la maison à 4 heures, il était saisi de son petit canard. Les petits et Salambo sont très bien, à mesure que des nouvelles intéressantes arriveront je te les écrirai ou te les télégraphierai.

Je t'embrasse de tout le fond de mon cœur qui t'adore et je suis ton petit mari, ton amant pour la vie.

LOUIS.

J'espère que les trois mille sont bien arrivés.

Lettre du sieur Pichon à sa femme (1909).

.....**Je suis ennuyé pour toi que tu n'aies pas eu plus de veine au début de ton jeu, mais surtout ne te décourage pas, et dis toi bien qu'il vaut mieux commencer à avoir de la déveine au début qu'à la fin.**

Andrieu m'a apporté ton petit mot ce matin, et cela m'a causé une grande joie de revoir ta chère écriture.

J'oubliais de te dire que je compte tout à fait arriver à obtenir de Cellier qu'il me négocie les dernières traites de ....., de cette manière, **si je réussis, comme probable, lundi, inutile de m'envoyer de l'argent avant que je te le demande et inutile de te faire de la peine ou de te bousculer ainsi.**

Ne te fatigue pas, mon cher trésor, repose toi bien, mange bien, dors bien, tu sais que je t'adore, que tu es tout ce que j'aime, **nous doublons un cap difficile, mais il ne faut pas se laisser abattre.**

Je t'embrasse de toutes les forces de mon cœur, qui t'adore, et je suis pour la vie ton amant, ton mari, ton ami qui t'admire et qui t'adore.

Ton Louis.

Lettre d'Andrieux, concierge du sieur Pichon, à M. de Troismonts que M. Pichon a prié d'accompagner sa femme à Monte-Carlo où il l'a envoyée jouer.

Paris, le 14 Juin 1909.

Monsieur le Comte,

M. le Baron m'a chargé de demander à M. le Comte l'historique de la mission soudanaise, et le travail de M. Pierre Robl sur l'hôtel Lauzun. M. le baron m'avait en outre chargé de demander si M. le Comte avait fait un versement de 2.500 francs au Crédit Lyonnais. **Comment va Mme la Baronne ?** A Paris, rien de nouveau, M. Paul est ici depuis hier matin.

M. Desmarest est venu hier voir M. le Baron et lui faire part de son voyage dont il est enchanté. Je joins un pneumatique que M. le Baron a ouvert et m'a dit de l'envoyer, il pleut tous les jours et fait un froid de chien. **Il doit faire meilleur à Monte-Carlo**. J'ai remis à M. Cellier les 11.000 francs, mais ça ne suffit pas, il m'a demandé 670 francs de plus, j'en a fait part à M. le Baron hier qui me les a donnés pour que je lui remette.

Veuillez agréer, Monsieur le Comte, ainsi que Madame la Baronne, l'assurance de tout mon dévouement.

Andrieux.

Lettre du sieur Pichon à sa femme qu'il a envoyée jouer à Monte-Carlo, en compagnie de M. de Troismonts (Juin 1909)

GRAND HOTEL (Bruxelles) *Mardi matin.*

Mon cher trésor, remplis immédiatement la feuille volante et signe la feuille imprimée au-dessous de ma signature. Vulpillières remplira lui-même les renseignements de la feuille imprimée. Renvoies immédiatement le tout directement à Andrieux dans une enveloppe sans en-tête et cachetée, et mets dessus « à porter de suite chez M. de Vulpillières » (je préviendrai Andrieux de mon côté). Dépêche-toi car Vulpillières attend pour transmettre en Angleterre.

Si cela ne marche pas mieux à la roulette, je crois que tu feras bien de rentrer samedi, si cela marche un peu reste encore dimanche si tu veux, mais au plus tard (à mon avis) car Vupillières demande que tu voies le médecin de la Société dans le courant de cette semaine et la Norwich ne signera pas définitivement avant la consultation médicale ; il ne faut donc pas retarder cette formalité au sujet du médecin, rassure-toi, car c'est **une pure formalité** sans aucune visite réelle.

Maintenant j'espère que les financiers auront fini ici pour samedi, de sorte que nous pourrons peut-être partir dans les premiers jours de la semaine prochaine, naturellement je te tiendrai au courant télégraphiquement et **ne te dérange qu'à la dernière extrémité.**

Surtout ne te fatigue pas, réviens reposée et de bonne humeur, **je sais l'influence que Troismonts a sur ton moral et la déplore amèrement,** de sorte que je te demande de ne pas du tout penser aux affaires et de bien te soigner.

Pense un peu à moi, je n'ai eu que deux petits mots de toi où tu m'appelles « mon cher petit », c'est bien peu de chose ; enfin je suppose que tu es prise par ton jeu, mais est-ce une raison pour me dire que je suis ton cher petit quand tu m'écris habituellement si tendrement.

Je t'embrasse de toute mon âme.

TON LOUIS.

D

LA VENTE DE TABLEAUX

NOTA : Le sieur Pichon se trouvait en possession de quelques copies sans valeur de tableaux de grands peintres (Van Dyck, Raphaël, Greuze). Pour se faire de l'argent, il essaye de faire passer ces copies pour des originaux et de les vendre à des prix avantageux.

Lettre de M. Cano à M. de Troismonts.

CANO, LAMARQUE ET Cie
Antiquités
47, rue Notre-Dame-de-Lorette.

8 Mai 1905.

COMTE DE TROISMONTS,
à Paris.

J'avais prévenu le baron Pichon de l'absence de mon client, ce qui m'avait empêché de répondre à votre honorée du 30 avril ; il ne sera de retour que vers le 15 mai, je n'ai donc pu lui causer encore du tableau. Aussitôt que je l'aurai vu, croyez que je ne ferai aucun mystère ; vous n'aurez du reste qu'à vous adresser à l'ambassade pour être fixé immédiatement, ceci avant même de lui soumettre le tableau. De son côté, je crois que lui-même voudra être bien sûr de la pièce importante qu'il achète ; il s'en est toujours rapporté à moi et n'a pas eu à s'en repentir ; **mais je ne suis ni assez expert, ni assez fortuné pour garantir pièce pareille.** J'y ai réfléchi et je suppose qu'il s'entourera d'autres garanties.

Je vous présente, Comte, mes bien distinguées salutations.

L. CANO.

Projet (de la main du sieur Pichon) d'une lettre que ce dernier voulait faire écrire par un antiquaire à M. de Troismonts.

Paris, ce 25 Mars 1907.

MONSIEUR LE COMTE DE TROISMONTS,
21, quai Bourbon, Paris.

Je n'ai pas pu répondre plus tôt à votre demande d'évaluation, parce que, avant de vous donner mon avis sur une question aussi délicate, j'ai tenu à m'entourer de toutes les lumières possibles. Je tiens, avant de vous fixer sur la valeur vénale de l'œuvre que vous possédez et qui est inappréciable, en raison de son état de conservation et de son absence de retouche, à vous amener, par un raisonnement très serré et très appuyé, à comprendre la beauté du chef-d'œuvre que vous avez l'honneur et le bonheur de posséder et dont l'examen attentif m'a fait passer un des plus délicieux moments de ma déjà longue existence. Je ne vous cacherai pas que, tout d'abord, bien qu'impressionné par la pureté des contours, la parfaite harmonie des couleurs, je me suis demandé si je ne me trouvais pas en présence d'une très belle copie du temps.

Eh bien, aujourd'hui, j'affirme que votre tableau est incontestablement de Raphaël et plus pur encore que la « Belle Jardinière » qui est au Louvre, puisque Mariette Lépicié, J.-D. Passavant et tous les critiques qui se sont occupés de cette œuvre merveilleuse, sont d'accord pour déclarer que tout au moins le manteau de la Vierge est de Ghirlandajo et non de Raphaël. Entre la couleur bleu intense de ce manteau et la couleur bleu foncé du vôtre, l'hésitation n'est pas possible. Autant celui de Ghirlandajo est raide et sec, autant le vôtre est souple et moëlleux.

2° Dans le tableau du Louvre, les nuages sont vaporeux et d'un blanc laiteux, dans le vôtre ils sont orageux, bitumineux, moins léchés que ceux du Louvre.

3° Dans la " Belle Jardinière " du Louvre, la cappa qui coiffe la vierge est blanche ; dans votre tableau elle est bleu tendre et s'harmonise bien mieux avec le manteau de même couleur; en outre la disposition de la coiffure n'est pas la même dans les deux tableaux, elles sont même très sensiblement différentes. Or pas un copiste du temps ne se serait permis de telles fantaisies qui eussent justement appelé sur lui les foudres des admirateurs de Raphaël. Et puis comment admettre qu'une copie puisse être mieux que l'original ? Comme le vôtre est supérieur par la perfection anatomique, la netteté du coloris, la pureté des chairs et la franchise de touche qu'André del Sarto aurait eu de la peine à imiter !

Avez-vous remarqué la toile dont le tissage relativement fin et sans aucun défaut est précisément celle dont tous les maîtres en renom de cette époque se servaient, laissant à leurs confrères pauvres les tissus grossiers, souvent destinés à des usages domestiques. Un vigoureux empâtement à la Raphaël couvre cette toile sur laquelle il n'y a aucune trace d'écaillage. Elle a seulement été enlevée du chassis primitif, sans doute vermoulu et placée dans un chassis à clef. Le cadre qui l'entourait devait être cintré dans le haut comme l'est celui qui se trouve au Louvre ;

4° Au Louvre encore l'enfant Jésus est entièrement nu et présente la caractéristique de la circoncision ; dans l'œuvre que vous possédez, cette caractéristique se retrouve mais drapée de gaze transparente qui cache en partie les détails ;

5° La hampe de la croix de Saint-Jean n'est pas ombrée dans

le tableau du Louvre, alors qu'elle l'est dans celui que j'ai sous les yeux. Elle est aussi plus volumineuse ici que là ;

6° Enfin, dans l'œuvre du Louvre, la signature s'arrête à la hampe de la croix ; dans la vôtre elle passe sous cette hampe que celle-ci divise de telle sorte qu'on lit : Rafa (ici la hampe) bino. Cette signature est placée dans une sorte de cartouche faisant suite à la bordure qui borde le manteau de la vierge. Cette broderie est beaucoup plus fine, beaucoup mieux traitée que celle que l'on voit au Louvre. A remarquer que la signature exécutée à l'italienne : Rafa et non à la grecque : Rapha. La première forme est préférable à la seconde, comme plus conforme à l'orthographe national.

Dans son important travail.....

Nota : La lettre de cet antiquaire, qui se serait ainsi porté garant de l'authenticité du « Raphaël » du sieur Pichon, devait permettre à M. de Troismonts, qui, sur la demande de M. Pichon, se serait présenté aux tiers comme le propriétaire du tableau, de tromper les tiers sur la valeur de cette copie.

Il est inutile d'ajouter que ni l'antiquaire, ni M. de Troismonts n'acceptèrent cette combinaison et que le sieur Pichon garda son projet de lettre.

Lettre du sieur Pichon à M. de Troismonts.

Aix-les-Bains, 3 Septembre 1907.

Mon cher Charles,

..... Tu m'as bien amusé avec l'histoire de ta jolie femme de chambre ; si son amoureux n'est pas amateur de tableaux anciens, **tache au moins de lui vendre le Greuze (Marie-Antoinette),** le tableau (paysage) qui, je crois est resté dans le fond de l'hôtel, le grand paysage italien avec des ruines (pour un salon), les fruits de Desportes et enfin les deux dessus de portes (tout encadrés) qui sont dans le fond de l'hôtel. .

Voilà il me semble de quoi meubler artistiquement l'appartement d'une jolie ancienne femme de chambre.

Maintenant **si son amoureux était amateur de tableaux anciens on pourrait lui vendre le Van Dyck... et le Raphaël,** mais je crains qu'il n'aime pas assez les arts et sa femme pour cela. Aussi peut-être est-ce plus prudent de nous en tenir simplement à la vente des tableaux cités ci-dessus, mais assure-toi (comme pour Marot) qu'elle paiera, c'est douteux et peut-être ferais-tu bien de t'assurer auparavant qu'elle peut y mettre la somme voulue.....

Affections,

Signé : Louis.

Lettre du sieur Pichon à M. de Troismonts

13 Septembre 1907 (Brides-les-Bains).

Mon Vieux,

..... 2° Pour Cano, le mieux serait que tu lui dises qu'après tout ce qu'il a fait tu ne veux pas me parler de son offre mais que s'il paie comptant les 5.000 et s'il te mène chez l'acquéreur que tu verras en chair et en os, tu prendras sous ton bonnet de me faire accepter le prix de 5.000 pour en finir ; n'écris rien, vois-le et qu'il te mène chez l'acquéreur qui te paiera en espèces sonnantes sans quoi rien de fait, engueule-le et reprends le tableau. Si l'acquéreur discute, envoie-les faire foutre tous les deux. Prends garde que ce ne soit un piège et si c'en est un, tu le déjoues en allant toi-même avec lui chez l'amateur acquéreur....................

Signé : L. (Louis).

Lettre du sieur Pichon à M. de Troismonts.

Brides-les-Bains, 23 Septembre 1907.

Mon cher Troismonts,

..... 5° **Tâche de vendre quelques tableaux.**

Affection,

Louis.

Lettre du sieur Pichon à M. de Troismonts.

Mon Vieux,

..... 3° Engueule Cano et prends sur toi de te faire remettre immédiatement les 5.000 francs ou le tableau, dis que tu prends cela sur toi parce que sans cela Cano verrait si j'acceptais son offre que je n'ai pas l'intention de le poursuivre... Je crois que c'est tout simplement un jeu pour voir si j'ai toujours l'intention de le poursuivre.

Tâche, je t'en prie, de te procurer les 5.000 francs; ne m'en parle pas dans tes lettres à cause de ma femme, mais tâche de me dire par exemple « pour le cheval, c'est arrangé ».

Affection.

Louis Pichon.

Télégramme du sieur Pichon à M. de Troismonts.

De Cette à Paris. *15 Octobre 1907.*

Ne parle plus cheval. Eveillerait soupçons.

Vu Coste Finiels. Je crois tenir succès.

Louis.

E

LES TRAITES DE COMPLAISANCE

Note : Pour faire de l'argent, le sieur Pichon demanda souvent à ses amis et notamment à M. de Laubespin et à M. de Troismonts leur signature sur des traites qu'il libellait à son profit et qu'il endossait ensuite.

C'est ainsi qu'en 1907 il libella à son profit deux traites de 100.000 francs qu'il fit signer à M. et Mme de Laubespin et qu'il endossa à des banquiers **avec la garantie de sa femme.** L'un de ces banquiers était la Banque Denigès de Bordeaux, d'où le nom d' « Opération Denigès » qu'il donne à cette affaire. Malheureusement, le banquier Denigès après avoir touché à la Banque de France de Bordeaux les 200.000 francs qu'il appliqua à solder des comptes débiteurs, se trouva dans l'impossibilité de s'acquitter de ses obligations. La Banque de France était décidée à poursuivre le paiement contre le sieur Pichon endosseur des billets : il fallut obtenir des renouvellements successifs qui ne furent consentis par la Banque de France qu'avec la signature sur les effets de deux banques, la Banque Berthoud de Paris et la Banque Samazeuilh de Bordeaux et la signature de M. de Troismonts. Pour obtenir la signature de la banque Berthoud, Mme Pichon, en outre de son aval personnel et pour garantir cet aval, fut obligée de déposer à la Banque Berthoud des sommes importantes (62.500).

Le sieur Pichon eut recours à cette garantie donnée par sa femme et par M. de Troismonts, garantie qui lui permettait de renouveler les billets, jusqu'au renouvellement de décembre 1910, époque à laquelle il remplaça les signatures ci-dessus par celle de Mme de Laubespin mère et celle de l'agent d'affaires Cellier.

200.000 francs d'effets de complaisance signés par M. et Mme de Laubespin à M. Pichon.

Paris, 23 Février 1907.

B.P.F. 100.000

Au trente et un mai prochain, je paierai à l'ordre de M. le baron Louis Pichon, la somme de cent mille francs, valeur en compte.

Bon pour aval autorisée par mon mari,

Signé : Comtesse de Laubespin.

Bon pour cent mille francs, Autorisant mon épouse,

Signé : Comte P. de Laubespin.

Au dos de l'effet.

Payez à l'ordre de M. J.-W. Lintner. Valeur en compte.

Paris, le 23 Février 1907.

Baron L. Pichon.

Bon pour aval autorisée par mon mari, Baronne Pichon.

Bon pour autorisation maritale, Signé : Baron Pichon.

Payez à l'ordre de MM. Denigès et Cie. Valeur reçue comptant.

Bordeaux, le 28 Février 1907.

Signé : J.-W. Lintner.

Payez à l'ordre de la Banque de France. Valeur reçue comptant.

Bordeaux, le 1er Mars 1907.

P. P. T. Denigès et Cie,
Signé : (Illisible).

Nota. — Cette traite est en double.

Lettre de la banque Hoffmann de New-York à Mme Pichon.

3 Mars 1911.

MADAME,

Nous avons reçu votre lettre du 17 Février adressée à M. Wood.

Comme il nous est demandé, nous vous donnons ci-dessous le total des sommes que nous avons remises à MM. Berthoud et Cie sur votre compte pendant les années 1908 et 1909.

31 Janvier 1908	12.500 »
1er Mai 1908	12.500 »
31 Juillet 1908	12.500 »
2 Novembre 1908	12.500 »
1er Février 1909	12.500 »
Total	62.500 »

Vos bien dévoués.

Signé : VON HOFFMANN et Cie.

Note de la main du sieur Pichon.

TROISMONTS (Bordeaux),

1° Andrieux recevra les deux traites signées, il te les remettras, tu les signeras et tu les porteras ensuite à Bordeaux.

Là, tu verras le Directeur de la Banque de France de Bordeaux et **tu ne les signeras toi-même que s'il exige également ta signature.**

Tu verras également le notaire de Bordeaux et tu lui demanderas si la maladie de Denigès n'a pas été combinée pour le moment où D... est arrivé.

Tu demanderas au Directeur de la Banque de France de te remettre les traites anciennes contre reçu des nouvelles.

Tu peux te présenter de la part du gouverneur de la Banque de France de Paris.

Ne néglige pas de causer très sérieusement avec Blondeau et, si tu étais obligé de voir Denigès, arrange-toi pour que ce soit chez le notaire Blondeau ou chez le directeur de la Banque de France, mais, dans tous les cas, pas chez Denigès.

Il serait même bon que tu le voies pour lui demander ce qu'il a fait pour nous donner satisfaction depuis le dernier renouvellement, que tu l'engueules et que tu lui fasses peur.

Tu ferais bien, avant de partir pour Bordeaux, de voir D..., pour ne pas faire de fausse manœuvre.

Comme tu m'as promis de venir dimanche soir, tu pourrais voir D... lundi et partir lundi soir pour Bordeaux.

Sois très aimable pour le directeur de la Banque de France de Bordeaux, mais **n'omets pas de glisser adroitement que nous connaissons le gouverneur de la Banque de France à Paris et aussi ton ami..., tout cela pour qu'il ne nous tienne pas pour quantité négligeable.**

Renouvellement

Paris, 27 Février 1908

B.P.F. 100.000

Au premier juin prochain, je paierai à l'ordre de M. le baron Pichon la somme de cent mille francs, valeur en compte.

Bon pour aval
autorisée par son mari
Andigné, comtesse de Laubespin
Bon pour autorisation
Comte de Laubespin.

Bon pour cent mille francs
Autorisant mon épouse,
Signé : Comte de LAUBESPIN.

Payable à la Banque de France à Bordeaux.

Au dos de l'effet

Payez à l'ordre de M. de Troismonts Valeur en compte

Paris, le 27 février 1908

Signé : Baron Pichon.

Bon pour aval
autorisée par mon mari
Vallombrosa Baronne Pichon.

Bon pour autorisation maritale
Signé : Baron Pichon.

Payez à l'ordre de MM. Berthoud, valeur en compte.

Paris, le 27 Février 1908.

Signé : Troismonts.

Payez à l'ordre de MM. Samazeuilh et Fils. Valeur en compte.

Paris, le 27 Février 1908.

Signé : Berthoud et Cie.

Payez à l'ordre de la Banque de France Valeur reçue comptant.

Bordeaux, le 2 mars 1908.

Signé : Samazeuilh et Fils.

Nota. — Cette traite est en double.

Lettre du sieur Pichon à sa femme.

17, quai d'Anjou. *Ce 30 mai 1908.*

Mon cher trésor adoré, mon cher oiseau bleu, j'aurais voulu continuer à t'écrire régulièrement tous les soirs comme je l'ai fait au début, mais la correspondance de ces derniers jours, les rendez-vous, etc., ont été tellement nombreux que je n'ai pas eu une minute à moi pour t'écrire quelque chose d'intéressant relativement aux affaires et puis rien n'est encore solutionné pour le moment, ni pour Denigès, ni pour l'auto, ni pour Robur.

1° **Affaire Denigès.** J'ai renouvelé les effets avec Berthoud, comme la dernière fois, donc, de ce côté au moins, il ne peut se produire aucune surprise désagréable, c'est-à-dire que le Directeur de la Banque de France de Bordeaux prendra nos effets du moment qu'ils passent par Berthoud et Samasheuil...

Lettre du sieur Pichon à M. de Troismonts.

Saint-Moritz, 19 Août 1908.

Mon cher Vieux,

...... Je ne crois pas maintenant que tu puisses venir avant le 1er septembre, parce que tu ne pourras pas quitter Paris avant que le renouvellement Denigès soit assuré ; mais dès que Berthoud t'aura confirmé l'acceptation de Samasheuil, prends le train, car nous avons véritablement trop de choses à nous dire.

Renouvellement.

Paris, le 25 Août 1908.

B.P.F. 100.000.

Au premier Décembre prochain, je paierai à l'ordre de M. le baron L. Pichon, la somme de cent mille francs. Valeur en compte.

Signé : COMTE DE LAUBESPIN.

Bon pour aval
autorisée par mon mari,

Signé : COMTESSE DE LAUBESPIN,

Bon pour cent mille francs,
autorisant mon épouse,

Signé : COMTE DE LAUBESPIN.

Au dos de l'effet.

Payez à l'ordre de M. de Troismonts, Valeur en compte.

Paris, le 28 Août 1908.

Signé : Baron L. Pichon.

Bon pour aval
autorisée par mon mari,

Signé : Baronne Pichon.

Bon pour autorisation maritale,

Signé : Baron L. Pichon.

Payez à l'ordre de MM. Berthoud et Cie, Valeur en compte.

Paris, le 28 Août 1908.

Signé : Troismonts.

Payez à l'ordre de MM. Samazeuilh et fils, Valeur en compte.

Paris, le 28 Août 1908.

Signé : Berthoud et Cie.

Payez à l'ordre de la Banque de France, Valeur reçue comptant.

Bordeaux, le 1er Septembre 1908.

Signé : Samazeuilh et Fils.

Renouvellement.

Paris, le 25 Août 1908.

B.P.F. 50.000.

Au premier Décembre prochain, je paierai à l'ordre de M. le baron Pichon, la somme de cinquante mille francs, Valeur en compte.

Signé : COMTE DE LAUBESPIN.

Bon pour aval
autorisée par mon mari,

Signé : COMTESSE DE LAUBESPIN.

Bon pour cinquante mille francs,
autorisant mon épouse,

Signé : COMTE DE LAUBESPIN.

Au dos de l'effet.

Payez à l'ordre de M. de Troismonts, Valeur en compte.

Paris, le 28 Août 1908.

Signé : Baron Pichon.

Bon pour aval
autorisée par mon mari.

Signé : Baronne Pichon.

Bon pour autorisation maritale,

Signé : Baron Pichon.

Payez à l'ordre de MM. Berthoud et Cie, Valeur en compte.

Paris, le 25 Août 1908.

Signé : Troismonts.

Payez à l'ordre de MM. Samazeuilh et fils, Valeur en compte.

Paris, le 28 Août 1908.

Signé : Berthoud et Cie.

Payez à l'ordre de la Banque de France, Valeur reçue comptant.

Bordeaux, le 1er Septembre 1908.

Signé : Samazeuilh et fils.

Renouvellement

B.P.F. 50.000

Paris, le 25 novembre 1908.

Au premier mars prochain, je paierai à l'ordre de M. le baron Louis Pichon la somme de cinquante mille francs. Valeur en compte.

Bon pour aval
autorisée par mon mari

Bon pour cinquante mille francs.
COMTE DE LAUBESPIN.

Signé : COMTESSE DE LAUBESPIN.

Bon pour autorisation maritale.
COMTE DE LAUBESPIN.

Au dos de l'effet

Payez à l'ordre de M. de Troismonts, Valeur en compte.

Paris, le 25 novembre 1908.
Signé : Baron Pichon.

Bon pour aval
autorisée par mon mari

Signé : Baronne Pichon.

Bon pour autorisation maritale.

Signé : Baron Pichon.

Payez à l'ordre de MM. Berthoud et Cie, Valeur en compte.

Paris, le 25 novembre 1908.

Signé : De Troismonts.

Payez à l'ordre de MM. Samazeuilh et Fils,

Valeur en compte.

Paris, le 25 novembre 1908.

Signé : BERTHOUD et Ce.

Payez à l'ordre de la Banque de France, Valeur reçue comptant.

Bordeaux, le 1er décembre 1908.

Signé : SAMAZEUILH et FILS.

NOTA. — Cette traite est en triple exemplaire.

Télégramme du sieur Pichon à M. de Troismonts.

Pétersbourg à Paris, 22 Décembre 08.

Reçois réclamation désagréable Vulpillières vois d'urgence **attendons impatiemment Denigès** reçu lettre Siegler qui parle pas affaire dix janvier télégraphie immédiatement si toujours décidé.

Renouvellement

B.P.F. 50.000

Paris, le 24 Février 1909

Au premier juin prochain, je paierai à l'ordre de M. le baron Louis Pichon, la somme de cinquante mille francs, valeur en compte.

Bon pour aval autorisée par mon mari — Bon pour cinquante mille francs. Autorisant mon épouse

Signé : ANDIGNÉ, COMTESSE DE LAUBESPIN. Signé : COMTE DE LAUBESPIN.

Au dos de l'effet

Payez à l'ordre de M. de Troismonts, Valeur en compte.

Paris, le 24 février 1909.

Signé : Baron L. Pichon.

Bon pour aval autorisée par mon mari
Signé : Vallombrosa Baronne Pichon.

Bon pour autorisation maritale.
Signé : Baron L. Pichon.

Payez à l'ordre de MM. Berthoud et Cie, Valeur en compte.

Paris, le 25 Février 1909.

Signé : De Troismonts.

Payez à l'ordre de MM. E. Samazeuilh et Fils, Valeur en compte.

Paris, le 25 février 1909.

BERTHOUD et Cie.

Payez à l'ordre de la Banque de France, Valeur reçue comptant.

Bordeaux, le 1er mars 1909.

Signé : SAMAZEUILH et FILS.

NOTA. — Cette traite est en triple exemplaire.

Lettre du sieur Pichon à M. de Troismonts.

Aix-les-Bains, 7 Octobre 1908.

MON CHER VIEUX,

1° Je te renvoie l'acte Denigès avec les rectifications que m'a demandées D... Je t'adresse également sa lettre. Je crois avoir bien corrigé, mais je me rappelle que généralement on met quelque part avec un paraphe « 2 mots rayés nuls » ou bien « 2 mots rajoutés ». Comme je ne sais pas très bien où cela se met, j'ai préféré ne pas en faire mention. S'il fallait le mettre, **tu n'aurais qu'à le faire de ta main, en imitant mon écriture**. N'oublie pas que les deux actes de Bordeaux doivent également être signés de ma main, car du moment qu'on a mentionné « triple expédition », chaque partie doit en posséder une.

S'il fallait recommencer l'acte pour une cause ou une autre, ce serait inutile de me le renvoyer, **tu n'aurais qu'à le signer et à le parafer,** car comme toi, je suis d'avis de mettre immédiatement la main sur tout l'argent qu'on pourra. Tu ne signerais que si les modifications ne changeaient pas l'esprit du contrat, si, par exemple, il y avait trop de ratures ou des erreurs.

Nous sommes, comme tu le penses, bien désolés d'apprendre qu'il n'y pas moyen de renouveler par la Banque de France et Denigès.

Nous sommes très mal impressionnés par ce refus, cela indiquerait que les fonds déposés à la Banque de France n'y sont que pour la frime et qu'ils s'envoleront dans quelques jours, semaines ou mois. Comme tu ne me dis pas qui a refusé ce renouvellement, si c'est Médawart ou Delalande, nous restons très perplexes. Dis-moi par retour du courrier si c'est Médawart ou Delalande.

Fais bien immédiatement rentrer l'argent convenu : il devait y avoir 40,000 francs pour le 1er Octobre et nous voilà le 8 et il n'y a rien, je pense que Médawart a bien compris que les premiers 7,500 doivent être payés le jour même où tu lui remets l'acte, c'est-à-dire demain ou après-demain au plus tard et les 7,500 autres le 14 courant au plus tard.

Ne crois-tu pas qu'il eût été plus adroit de jouer le grand jeu vis-à-vis de Delalande et lui dire que s'il n'accepte pas le renouvellement par Denigès, nous mettons celui-ci en faillite? Mais c'est probablement trop tard maintenant.

Il va falloir envisager la question du remboursement de la Banque de France avec Berthoud qui, certainement, va nous demander de rembourser quelque chose à la Banque de France en décembre prochain; il va falloir manœuvrer de manière à, comme je l'avais pensé, n'avoir rien à rembourser avant mars prochain ou si impossible, très peu en décembre prochain.

Réfléchis bien à cela, nous en reparlerons la prochaine fois que nous nous verrons.

Lettre de MM. Berthoud et Cie au sieur Pichon.

BERTHOUD et Cie

Paris, le 17 Mars 1909

Monsieur le Baron PICHON,

Paris.

MONSIEUR,

Nous nous permettons par la présente de vous rappeler notre lettre du 13 mars, et vous serions très reconnaissants de bien vouloir nous fixer un rendez-vous. **Nous tenons à ne pas tarder davantage à vous voir régulariser une situation qui, loin de s'améliorer, va au contraire en augmentant.**

Nous désirerions surtout que vous nous fassiez la remise des fonds que vous nous aviez promis. Actuellement les affaires sont mauvaises et la Bourse de jour en jour est plus lourde.

Nous aurions aussi à vous parler de l'affaire Denigès dont dernièrement nous avons entendu parler.

Veuillez bien nous dire quel jour nous pourrons vous rencontrer, et dans l'attente de votre réponse, nous vous présentons, Monsieur, nos compliments distingués.

P. P. de BERTHOUD et Cie,

Signé : COURVOISIER

Lettre de MM. Berthoud et Cie au sieur Pichon.

Ed. Berthoud et Cie. *Paris, le 19 Mars 1909.*

M. le Baron L. Pichon,

Paris.

Monsieur,

Craignant que par suite de la grève des postiers nos lettres des 13 et 17 courant ne vous soient pas parvenues, nous venons vous prier de passer le plus tôt possible à nos bureaux (avant 4 heures) pour causer ensemble de vos affaires. Nous vous serions obligés de nous dire quand vous pensez nous rendre visite; si par hasard vous étiez empêché de venir nous voir, vous voudriez bien nous faire savoir le jour auquel nous pourrions venir vous trouver chez vous.

Veuillez agréer, Monsieur, nos salutations distinguées.

Signé : Ed. Berthoud et Cie.

Lettre de MM. Berthoud et Cie au sieur Pichon.

Ed. Berthoud et Cie

Paris, le 15 mai 1909.

Monsieur le Baron Pichon,

Paris.

Monsieur,

Nous avons pris connaissance de votre lettre du 13 mai à M. J.-L. Courvoisier, elle a eu toute notre attention.

Nous prenons note avec plaisir de vos affirmations relatives à la bonne fin des opérations Denigès et de votre assurance que la Banque de France étudiant cette affaire, le résultat de son étude ne peut que vous être favorable.

Toutefois, nous vous rappelons que nous avons en mains vos billets d'un montant de frs 150,000 qui viennent à échéance le 1er juin et qu'il nous faudra payer. Vous voudrez bien, en conséquence, nous en faire tenir les fonds ou nous en remettre le renouvellement, après vous être assuré que la Banque de France continuera à l'escompter comme précédemment.

Dans l'attente de votre confirmation sur ce point, nous vous prions, Monsieur, d'agréer nos salutations distinguées.

Signé : Ed. Berthoud et Cie.

Il y a urgence et nous vous prions d'agir avec promptitude.

Copie (de la main du sieur Pichon) d'une lettre adressée à MM. Berthoud et Cie.

17, quai d'Anjou. *16 Mai 1909.*

MESSIEURS,

Je reçois à l'instant votre lettre du 15 courant et je ne puis que vous confirmer ma lettre du 13 à savoir que M. Escalier, un des hauts fonctionnaires de la Banque de France, spécialement chargé de l'étude sur place de l'affaire Denigès, revient de Bordeaux demain ou après-demain au plus tard pour remettre son rapport au Conseil de Régence, que ledit M. Escalier nous a fait demander de remettre concurremment au Conseil de Régence notre mémoire et toutes nos pièces à l'appui relatifs à cette affaire, que nous comptons être entendus soit par le Gouverneur, soit par quelque délégué du Conseil de Régence avant la fin du mois. Vous pouvez être absolument certains que dans le cas où l'arrangement à l'amiable (qui ne fait aucun doute) avec cet honorable établissement n'aurait pu être définitivement conclu et signé avant fin courant, la Banque de France acceptera que nous renouvellions nos valeurs précisément pour nous donner réciproquement le temps matériel de conclure sans rupture et si ce n'est plus son intérêt que le nôtre, ce l'est certainement autant, vu notre position.

Si je ne vous ai pas encore remis nos valeurs au 1er Septembre, c'est parce que je ne voudrais pas avoir l'air vis-à-vis de la Banque d'accepter trop facilement ce renouvellement et que je serai ainsi arrivé à provoquer la réunion du Conseil de Régence ou tout au moins la décision du Gouverneur avant fin courant, mais soyez assuré que si je vois que la Banque de France n'a matériellement pas le temps de conclure avec nous d'ici fin courant, je vous remettrai très à temps plutôt même avant nos valeurs pour qu'il ne puisse se produire aucune difficulté.

Lettre de MM. Berthoud et Cie au sieur Pichon.

Ed. Berthoud. *Paris, le 27 Mai 1909.*

Affaires Denigès.

Monsieur le Baron L. Pichon.

Paris.

Monsieur,

Nous avons l'avantage de vous informer que nous créditons votre compte en marge, sous les réserves d'usage, de la somme de 148,000 francs, suivant bordereau ci-joint, net de votre remise.

A la demande de nos correspondants de Bordeaux, la Banque de France a répondu que, pour cette fois, elle acceptait le renouvellement dont votre remise ci-dessus fait l'objet, mais qu'elle ne promettait aucun engagement pour l'avenir.

Veuillez en prendre note et agréer, Monsieur, nos salutations distinguées,

Signé : Ed. Berthoud.

Lettre de MM. Berthoud et Cie à M de Troismonts.

ED. BERTHOUD ET Cie. *Paris, le 30 Juin 1909.*

Monsieur le Comte de TROISMONTS.

Paris

MONSIEUR,

Nous venons vous confirmer la conversation téléphonique que nous avons eu l'honneur d'avoir avec vous et par laquelle nous vous informions que **nous n'avons pas reçu au mois de mai le versement de 12,500 francs pour le compte de garantie de Mme la Baronne Pichon.**

En vous priant de bien vouloir transmettre cette information au Baron Pichon, nous vous présentons, Monsieur, l'assurance de nos sentiments bien distingués.

Signé : ED. BERTHOUD ET Cie.

Lettre du sieur Pichon à MM. Berthoud et Cie

Ce 22 Juillet 1909.

MM. BERTHOUD et Cie,
15, rue Richer, Paris.

CHER MONSIEUR,

J'ai l'honneur de vous confirmer par la présente notre conversation de ce jour.

1° Affaire Denigès. — La Banque de France (Administration centrale et de Bordeaux) nous ayant affirmé vu le grave préjudice qui nous a été causé qu'elle renouvellerait nos effets aussi longtemps que nous le désirerions, **je vous demande de bien vouloir nous continuer votre appui pour l'escompte de nos valeurs aussi longtemps que la Banque de France acceptera de les renouveler.** Ceci ne veut pas dire bien entendu que nous ne ferons pas tout notre possible pour éteindre progressivement et le plus rapidement possible cette dette, mais **vu le découvert que nous avons d'autre part chez vous, et que vous trouvez aujourd'hui insuffisamment gagé, nous préférons avoir plus de temps pour rembourser la Banque de France et affecter nos disponibilités au fur et à mesure qu'elles se produisent à l'amortissement de nos comptes personnels.**

Il est bien entendu que nous tiendrons régulièrement à votre disposition au moins huit jours avant l'échéance les effets à renouveler à la Banque de France de Bordeaux.

2° Comptes personnels. — A) Ouverture de crédit. — B) Comptes de liquidation.

Nous vous prions de bien vouloir porter les 50,000 francs que vous avez actuellement à notre crédit (ancien compte Banque de France) au remboursement de notre compte débiteur et quand la succession de notre grand'père sera réglée, nous amortirons le reliquat de ce compte dans les délais que vous voudrez bien nous consentir.

3° Si vous voulez bien me rappeler les dates des effets Denigès qui vous sont revenus protestés, je ferai rechercher par mon avocat et par le liquidateur judiciaire s'ils ont bien été remis à la liquidation.

4° Je vous serais reconnaissant de bien vouloir me tenir régulièrement au courant de la marche des Shansi afin que je puisse m'y intéresser si les cours me paraissent avantageux, et je vous demande de bien vouloir vous faire renseigner sur la situation de la Central Bank et sur le parti qu'on pourrait tirer des parts bénéficiaires dudit établissement.

Je ne crois rien avoir omis de notre entretien et je vous prie de croire, cher Monsieur, à l'assurance de mes reconnaissants et distingués sentiments.

Signé : Baron L. Pichon.

Nota : Le sieur Pichon, sans en prévenir sa femme, fait virer au crédit de son compte personnel débiteur 50.000 francs déposés par Madame Pichon, en garantie de son aval sur les billets désignés. (Jugement du tribunal de la Seine du 21 décembre 1911.)

Lettre de MM. Berthoud et Cie au sieur Pichon.

Paris, le 29 Juillet 1909.

Monsieur le Baron Pichon,

à Paris.

Monsieur,

Nous avons bien reçu la lettre que vous nous avez écrite à suite de notre entretien du 27 Juillet.

Nous vous confirmons en conséquence notre accord sur les points suivants :

1° Affaires Denigès. — La Banque de France vous ayant affirmé à la suite du préjudice que vous a causé l'affaire Denigès, qu'elle renouvellerait vos effets aussi longtemps que vous le désireriez, nous sommes disposés à vous continuer notre appui pour l'escompte de vos valeurs aussi longtemps que la Banque acceptera de les renouveler. Il reste toutefois bien entendu que vous ferez votre possible pour éteindre cette dette progressivement et dans le délai le plus court.

Nous notons aussi que vous prenez l'engagement d'affecter vos disponibilités à l'amortissement de vos comptes personnels.

2° Comptes personnels. — Nous prenons bonne note que vous désirez voir porter au remboursement de votre compte débiteur les fr. 50.000 qui figurent actuellement à votre

compte de garantie. Ce dernier compte étant ouvert au nom de Mme la baronne Pichon nous vous prions de nous faire écrire par elle qu'elle demande ce mouvement de comptes.

3° Effets Denigès.— Nous faisons les recherches nécessaires pour vous indiquer les effets revenus protestés afin que vous vous assuriez qu'ils ont bien été remis à la liquidation.

4° Shansi. — Nous ne manquerons pas de vous tenir au courant de ce que nous apprendrons sur cette affaire. — A la Bourse de ce jour on est resté dans le cours d'hier soir de 30 à 30.50.

5° Banque Centrale de Berne. — Nous allons demander de nouveaux renseignements sur cette affaire et vous les ferons tenir aussitôt.

Veuillez agréer.....

Signé : Ed. Berthoud et Cie.

P. S. — Mme la baronne Pichon voudra bien nous écrire également que le versement de fr. 12.500 qui devait être effectué au mois de mai dernier et celui de même montant du mois d'août prochain nous seront faits aussitôt réglée la succession de M. Von Hoffmann.

Lettre du sieur Pichon à M. de Troismonts.

PALACE HOTEL
Caspar Badrutt's Erben (St-Moritz).

Août 1909.

MON CHER VIEUX,

Je ne te parle ni de l'affaire Marot, ni de la Bolivie et j'en viens au plus urgent car ma femme ne t'a pas suffisamment expliqué le renouvellement Denigès.

Ecoute bien ce que je vais te dire à ce sujet, car c'est toi qui as fait chaque fois l'opération du renouvellement avec Berthoud, et qui chaque fois as eu des embêtements parce que cet esprit atrocement méticuleux, mécontent de la manière dont c'était rédigé, me les a fait recommencer. Or, aujourd'hui 19 août, nous n'avons pas le temps de nous amuser à de fausses manœuvres, puisque ces effets doivent être déposés le 28 courant chez Berthoud au plus tard.

1° Tu trouveras dans le cabinet de toilette de ma femme, armoire à droite de la commode, une serviette rouge ; dans cette serviette rouge tu trouveras une enveloppe dans laquelle j'ai mis des effets neufs et des timbres neufs.

Dans cette même enveloppe, **il doit encore se trouver deux effets que j'avais fait signer, à l'avance, par Laubespin au mois de juin dernier, pensant bien que pendant les vacances j'aurais du mal à mettre la main dessus. Laubespin et sa femme les ont donc signés,** mais comme à ce moment-là je ne prévoyais pas que Berthoud exigerait un remboursement de 50,000 francs, en amortissement des 200,000 dus à la Banque de France, j'ai mis au bas de chaque effet pour 200,0 0 francs de timbres au lieu d'en mettre pour 150,000 francs.

Il me semble qu'en pareille matière, qui peut plus peut moins, mais Berthoud est tellement méticuleux, que je ne sais pas s'il va vouloir accepter des effets avec des timbres supérieurs au montant de l'effet souscrit.

Dans ce dernier cas, il n'y aurait qu'à en recommencer de nouveaux **et à les faire signer par Laubespin et sa femme.**

Si tu dois les faire recommencer par Laubespin et sa femme, ne manque pas de demander à Berthoud s'il les trouve à sa convenance, avant de les envoyer à Laubespin, car tu peux être certain sans cela que Berthoud y trouvera un cheveu au dernier moment et que tu seras obligé de les retourner à Laubespin, ce qui risquerait d'amener des complications très graves puisque ces effets doivent être réunis chez Berthoud le 28 ou le 29 courant au plus tard.

En ce qui concerne la signature de sa femme et la mienne, avec la phrase sacramentelle « autorisée par mon époux », « autorisant mon épouse », tu n'as qu'à t'exercer un peu la main et à signer pour nous, comme ma femme avait admirablement signé pour toi pendant ton absence. Sur ce point-là, Berthoud n'y verra que du feu, car ma femme signe généralement comme un chat, tu n'as donc qu'à en faire autant, pour elle et pour moi.

2° Quand tu enverras les effets à Laubespin et à sa femme, si Berthoud ne veut pas accepter ceux où j'ai mis des timbres supérieurs, ne manque pas de lui écrire ou de lui dire ceci, au cas où tu le verrais.

« Cher Monsieur, pour ne pas perdre le bénéfice de l'argent qu'il a envoyé à Bordeaux l'année dernière avec Denigès et tâcher de tirer parti des promesses que Denigès lui a faites, Louis m'a prié, avant son départ, de vous demander d'avoir l'obligeance de renouveler les effets qu'il vous remet chaque trimestre à signer. Voulez-vous donc avoir l'obligeance de passer à l'encre tout ce que j'ai écrit au crayon, ainsi que M. de Laubespin, et de me les envoyer autant que possible par retour du courrier, car je dois les déposer à Bordeaux le 29 courant au plus tard..... ». Ajoute à ceci toutes les recommandations voulues au sujet de la régularité des écritures et surtout sois très clair, **car Laubespin a une tendance à se tromper**.

....

Lettre d'Andrieux, concierge du sieur Pichon à M. de Troismonts.

17, quai d'Anjou.

Paris, le 18 février 1910.

MONSIEUR LE COMTE,

Monsieur le Baron étant trop pris pour écrire lui-même m'a chargé d'envoyer un mot en même temps que les traites pour les faire signer tout de suite et les renvoyer directement à M. Berthoud.

Comment va Madame la Baronne ? Et M. et Mme la Comtesse ? A Paris il fait un temps épouvantable, toujours de l'eau, ce qui ne fait pas diminuer la Seine, l'eau est de nouveau revenue dans les caves de 10 à 15 centimètres, c'est désespérant, on ne croit tout de même pas qu'elle remonte au niveau où elle a été ; mais on annonce que la décroissance se fera très lentement, ce qui ne va pas avancer les travaux, la désinfection des sols était faite, il n'y avait plus qu'à passer les murs à la chaux et tout va être à recommencer, enfin espérons que ça finira, mais quand ?

Veuillez agréer, Monsieur le Comte, l'assurance de tout mon dévouement.

ANDRIEUX.

NOTA. — M. Pichon, revenu à Paris, fait écrire à M. de Troismonts qu'il a laissé à Lausanne avec sa femme et Madame de Troismonts de bien vouloir endosser les 200.000 d'effets de complaisance dont il sollicite de la Banque de France le renouvellement.

Lettre de MM. Berthoud et Cie à M. de Troismonts

Ed. Berthoud.

Paris, le 21 février 1910

Monsieur le Comte de Troismonts,

Royal Hôtel Ouchy Lausanne.

Monsieur,

Nous possédons votre honorée du 19 courant par laquelle vous nous remettez 3 effets d'ensemble : Francs 140.000 au 1er juin sur Bordeaux dont nous vous déchargeons.

Veuillez agréer, Monsieur, nos salutations distinguées.

Signé : Berthoud, Courvoisier et Cie.

F

LA SITUATION FINANCIÈRE EN 1910

Bilan écrit de la main du sieur Pichon et envoyé par lui à son beau-frère M. le duc de Vallombrosa, en juillet 1910.

PASSIF		HÉRITAGE	
Comte de Laubespin.....	475.000	Directs.....	300.000
— —	300.000	Vergennes..	275.000
— —	200.000	Miramon...	150.000
— —	200.000		725.000
Hasselmann............	400.000		
Norwich...............	500.000		
Créanciers actuels......	400.000		
Banque de France.......	140.000		
Hoffmann..............	500.000		
Harck.................	100.000		
Divers................	185.000		
Francs	**3.300.000**	Dépenses	**4.025.000**

EMPLOI DES FONDS

Société des Moteurs à haute tension.	500.000
— de la soie artificielle I. G. R.	500.000
Central Bank....................	1.400.000
Banque de France................	150.000
Maison.........................	600.000
Réparations.....................	577.000
Mobilier........................	100.000
Marot..........................	100.000
Divers.........................	100.000
	4.027.000

ACTIF

Marot..........	100.000
Russie.........	180.000
Maison.........	

Nota : Le sieur Pichon fait une erreur dans l'addition du passif qui s'élève à 3.400.000 et non à 3.300.000.

Notes de la main du sieur Pichon sur l'Agenda de sa femme (1910).

Nous avions des échéances au 2 Janvier, au dernier moment nous apprenons que, à cause de sa mère, il n'y aura qu'un règlement de comptes général à la liquidation, qui aura lieu en Février ou Mars et qu'aucun intérêt ne sera payé avant.

La succession est liquidée ; on est en train de transférer les titres en Allemagne. Si sa mère avait voulu on aurait pu payer les intérêts arriérés, mais sa mère n'ayant mis aucune bonne volonté, elle ne touchera les intérêts arriérés qu'au moment du règlement de comptes.

Nous comptions toucher ces intérêts à fin Décembre, au plus tard, mais comme ils sont reculés cela bouscule toutes nos prévisions.

C'est d'autant plus regrettable que, pendant ce non paiement d'intérêts, c'est moi qui ai dû pourvoir à toutes les dépenses de la maison et, comme nous avions les entrepreneurs à régler, Athénaïs leur avait donné des traites à échéance du 2 Janvier.

Pour comble de malheur, j'ai eu une très mauvaise liquidation, qui me met dans le plus grand embarras.

J'ai pu faire face à une partie, malgré toutes les charges exceptionnelles que j'ai eues cette année ; mais, **malgré tous mes efforts, j'ai un déficit de 64,000 fr., dont 34,000 fr. chez Messie.**

Sur les 34,000 francs que je dois à Messie (je lui dois bien un peu plus, mais comme il a 15,000 francs de couverture, il se tiendrait tranquille avec ces 34,000 francs) ; je peux lui verser 5 ou 6,000 francs, **mais il me resterait encore ainsi chez lui un déficit de 27,000 francs, et le reste de 59 à 27, soit 32 que je dois absolument aux entrepreneurs et sur lesquels Troismonts a bien voulu me prêter 10,000 francs)**. Je suis, par suite, arrêté pour 27,000 francs chez Messie et 22,000 francs d'entrepreneurs, total 49,000 francs ; à la rigueur, je peux encore faire 2,000 francs, **soit 20,000 francs qui me manquent absolument**.

Lettre de MM. Berthoud et Cie au sieur Pichon.

ED. BERTHOUD, COURVOISIER ET Cie. *Paris, le 22 Mars 1910.*

Monsieur le Baron PICHON,
à Paris.

MONSIEUR,

Nous avons reçu, en son temps, votre honorée du 12 courant, **nous demandant une nouvelle avance de 40,000 francs, qu'après réflexion nous ne voyons pas la possibilité de vous consentir. Vos divers comptes sont actuellement débiteurs de plus de 60,000 francs** et, parmi eux, celui de Mme Pichon plus de 30,000 francs, représente une ouverture de crédit dont l'époque de remboursement, échue depuis le 10 courant, se trouve remise d'après votre lettre et contrairement à nos conventions, à une époque que vous estimez très approximativement à trois mois.

Nous regrettons de ne pouvoir continuer ces affaires dont les échéances doivent être prorogées sans définition exacte de leur terme.

Nous pensons bien que vous êtes étranger aux lenteurs apportées dans la liquidation de la succession de M. de Hoffmann, mais ne pourriez-vous obtenir du liquidateur qu'il vous procure un renseignement précis que vous pourriez nous transmettre.

Nous vous avons dit, à plusieurs reprises, que les crédits en blanc qui se prolongent au delà de certains délais prévus, ne sont pas de nos convenances ; nous vous continuons volontiers celui consenti à ce jour, **avec l'espoir cependant que le délai de Mai, que vous nous laissez entrevoir pour le remboursement, ne sera pas dépassé.**

C'est la seule raison qui nous dicte notre détermination de ne pas encore augmenter notre découvert pour une période indéterminée et sans aucune garantie.

Veuillez agréer, Monsieur, nos salutations distinguées,

BERTHOUD ET Cie.

JUGEMENT DU TRIBUNAL CIVIL DE LA SEINE

du 13 Juillet 1912

Affaire Lévêque c/ Pichon :

Attendu que les demandeurs comme étant aux droits de Joseph Lévêque, justifient être créanciers du défendeur d'une somme de 17.815 fr. 33 pour solde de travaux, ensemble les intérêts à 5 °/₀ du 1er janvier 1905 ;

Attendu que Pichon, dans le dernier état de la procédure, ne conteste plus devoir la somme réclamée et se borne à demander terme et délai pour se libérer ;

Par ces motifs :

Condamne Pichon à payer aux demandeurs la somme de 17.815 fr. 33, avec les intérêts à 5 °/₀, à partir du 1er janvier 1905.

Accorde au défendeur jusqu'au 1er janvier 1913, pour se libérer.

Nota : M. Lévêque est l'un des entrepreneurs qui avaient fait des travaux à l'hôtel de Lauzun et qui ne purent se faire payer. En juillet 1913, et malgré le jugement, l'hypothèque prise par M. Lévêque, pour garantir sa créance, est toujours inscrite sur l'hôtel de Lauzun.

III

LE SIEUR PICHON ET SA FEMME

Ce qu'elle a fait pour lui pendant le mariage.

L'attitude du mari envers sa femme et M. de Troismonts.

La rupture et ses causes.

NOTE : Le sieur Pichon associa sa femme durant le mariage à sa vie inquiète et besogneuse. Non content de lui arracher des engagements personnels pour des sommes considérables (emprunt Cellier, emprunts à la « Norwich », effets Denigès), **il l'obligea aux démarches les plus humiliantes chez ses créanciers, en même temps qu'il jouait du nom de M. Hoffmann, grand-père de sa femme et de l'espoir de son héritage pour trouver de nouvelles dupes.**

Écœurée de cette vie dégradante, Mme Pichon se détacha peu à peu de son mari.

Le sieur Pichon n'ignora point « la vérité » sans doute dès **1909.** Il avoue lui-même qu'il la connut dès **mars 1910.** Cependant le souci de ses intérêts matériels l'emporta sur sa dignité de mari. **Il avait besoin du crédit de sa femme et de celui de M. de Troismonts; il continua à en user et donna à sa femme sa liberté.**

Le sieur Pichon et M. de Troismonts projetaient à cette époque une opération financière au Maroc, une spéculation sur les terrains. M. de Troismonts partit là-bas pour examiner la situation en avril 1910; **un échange de correspondance eut lieu entre lui et le sieur Pichon.** Malheureusement le sieur Pichon manquait d'argent, comme toujours, pour réaliser l'opération. **A fin juillet 1910 il obligea sa femme à partir avec lui pour Leipzig tenter un emprunt de 300.000 francs sur l'héritage de M. Hoffmann.**

Arriva le renouvellement d'août des effets Denigès sur lesquels Mme Pichon et M. de Troismonts avaient leur signature. **Le sieur Pichon pria sa femme de bien vouloir se mettre en rapport avec M. de Troismonts en vue de ce renouvellement.**

A Saint-Moritz enfin, en **août 1910,** et pour les mêmes besoins, **le sieur Pichon incitait sa femme à « flirter » avec M. Maurice de R... qui pouvait lui apporter une aide pécuniaire des plus efficaces.**

Ce fut Mme Pichon qui se décida, malgré les protestations d'amour de son mari, à se séparer définitivement et à demander le divorce. En même temps, la famille Manca de Vallombrosa s'inquiétait des engagements que Mme Pichon avait pris pour son mari, et son frère, M. le duc de Vallombrosa, **prenait l'initiative d'une dation de conseil judiciaire à laquelle ne résista pas Mme Pichon.** L'insuccès d'une dernière tentative faite par Pichon auprès de sa femme **au début d'octobre 1910, pour l'amener à donner sa signature en vue d'un nouvel emprunt de 300,000 francs à la "Norwich Union"** lui fit comprendre qu'il ne pouvait plus rien espérer d'elle. Ce fut alors seulement qu'il songea à déposer, le **7 Octobre 1910,** une plainte en adultère en même temps qu'il introduisait une demande en divorce.

Ce fut seulement au renouvellement de **Décembre 1910** que le sieur Pichon cessa de solliciter de sa femme et de M. de Troismonts le renouvellement de leur signature sur les traites Denigès; ces signatures furent remplacées par celle de Mme de Laubespin mère et celle de M. Cellier. Ce fut seulement le **30 Janvier 1911** que Mme Pichon et M. de Troismonts furent libérés de leurs engagements envers la "Norwich Union". **Quant aux 90,000 francs dus à M. de Troismonts, le sieur Pichon ne les remboursa, contraint et forcé, que dans le courant de l'année 1912,** après n'avoir désiré venger son honneur par un duel avec M. de Troismonts **qu'un peu tardivement (Juillet 1911).**

Lettre du sieur Pichon à sa femme.

17, quai d'Anjou, *Ce 21 mai 1908.*

Mon cher trésor adoré, mon cher ange,
mon oiseau bleu, mon rayon de soleil,

Je viens de mettre de l'ordre dans la correspondance et je ne veux pas aller me coucher tout seul dans ce grand lit bien tristement sans toi, sans t'avoir répété mon amour.

Je souffre de penser que tu as la préoccupation d'être reconnue à Monte-Carlo, je souffre de te voir faire quelque chose qui t'ennuie ou plutôt te répugne et je voudrais te remplacer, mais comment faire pour m'occuper ici des choses courantes et importantes et m'attabler en même temps là-bas.

Je voudrais tant te rendre parfaitement heureuse et je m'aperçois bien que mes gaffes financières ont pour résultat de te causer de grosses inquiétudes, je t'en supplie, mon cher trésor, ne te laisse pas aller à te décourager.... **je te promets de lutter pour réparer mes erreurs** sans défaillance, et dis-toi bien que je t'adore chaque jour davantage, parce que chaque jour je t'admire davantage.

Ne sois pas trop nerveuse là-bas, les résultats seront ce qu'ils seront, il ne faut pas te faire de mal à chercher à mieux faire que ce qui est possible.....

Ton Louis,

For ever.

Lettre du sieur Pichon à sa femme.

GRAND HÔTEL D'EUROPE *Saint-Pétersbourg, 31/13 1909.*

13 Janvier 1909.

Mon cher amour adoré, mon petit oiseau bleu ...., comme je te l'ai écrit dans mes dernières lettres **le succès final ne fait pas de doute pour moi,** de sorte que si cela n'avait été la nécessité de gagner quelques jours vis-à-vis de Balkin et le désir que nous avons de connaître plus tôt la décision de Stolypine, **il aurait mieux valu que je rentre avec toi pour ne pas te laisser seule te débattre avec mes difficultés. Je t'assure que je sens combien c'est moi qui aurais dû m'occuper d'arranger les affaires d'argent à Paris et t'éviter ces soucis, mais cependant ma présence ici n'aura pas été complètement inutile** .....

Mais mon cher amour adoré rien ne peut te donner une idée de ce que je m'ennuie loin de toi, j'ai peur pour ta santé, j'ai peur que tu ne te soignes pas bien, j'ai peur que les affaires te rendent de mauvaise humeur, j'ai peur de tout car la distance est grande, je ne reçois pas beaucoup de tes lettres et alors je me mets à repenser au temps où une grande distance nous séparait quand tu étais à Heidelberg et que j'allais te dire tout ce que mon cœur contenait pour toi entre deux trains. **J'espère que tu ne m'aimes pas moins depuis cette époque car tu dois savoir que si nos affaires n'ont pas été plus brillantes, ce n'est pas de ma faute**, et que dans tous les cas mon amour pour toi a toujours été en grandissant..... J'espère que si le tien n'a pas augmenté comme le mien, il n'a au moins pas diminué. Je t'assure que rien ne peut te donner une idée du degré de mon amour, il n'est pas égoïste, tu sais comment je t'aime et que je voudrais avant tout te rendre heureuse. **Ne te décourage pas pour les difficultés présentes, nous les surmonterons, l'essentiel est que nous réussissions vite cette affaire et après ce sera la très grande tranquillité, mais réfléchis que, si le succès est au bout de nos peines, nous aurons recueilli beaucoup plus que nous n'aurions jamais pu l'espérer et alors compte dans la vie combien il y a de gens qui travaillent toute une existence même pour ne pas réussir.** Ne te décourage pas, ne sois pas nerveuse et je veux bien vite revenir pour ne plus te quitter. Vraiment le climat de Pétersbourg n'est pas mauvais quand on est prudent et à lire les journaux de Paris vous devez être beaucoup plus mal que nous ici.

Si je suis peu gai, c'est tout simplement parce que je suis loin de toi et que **j'ai peur que les affaires de Paris ne t'énervent, mais je ne suis pas du tout découragé par les affaires.**

Comme tu le vois, ma lettre est terne, je n'ai pas de nouvelles sensationnelles à te donner, quand mon soleil est loin, il fait nuit autour de moi.

Soigne-toi bien, que je te trouve rose, calme, reposée, je t'adore tu le sais et quand quelquefois je suis un peu de mauvaise humeur, il ne faut pas m'en vouloir, car ce n'est pas que je t'aime moins. Je te serre dans mes bras de toutes mes forces et te couvre de mes baisers les plus passionnés, ton ami, ton mari, ton amant !

L...

Lettre du sieur Pichon à sa femme

LE GRAND HOTEL (Bruxelles). *Jeudi soir.*

MON BIEN CHER AMOUR,

Deux mots au galop avant d'aller me coucher, pour te dire que ton petit mari t'adore, qu'il a bien supporté le voyage et qu'il a exactement mangé ce que son oiseau bleu lui a recommandé, de plus qu'il croit qu'il va fort bien dormir.

J'espère qu'on aura téléphoné comme je l'ai dit, de manière à ce que tu aies demain matin toute tranquillité sur mon sort, à ton premier réveil.

J'espère que tu vas, toi aussi, très bien dormir et que tu ne te fatigueras pas; je t'ai trouvée vraiment très bien portante, et tu ne peux te douter du plaisir immense que cela m'a fait; j'ajoute qu'à celui-là s'ajoute encore celui de t'avoir trouvée fort embellie, si c'est possible, plus belle que jamais.

Enfin, je veux le dire, mon très cher trésor, **combien je te remercie de supporter avec tant de courage la vie difficile que je t'ai faite par ma faute, mais laisse-moi te supplier de ne pas te décourager**, **car avec un peu de patience nous recueillerons le succès. Ma seule excuse à mes fautes est que je cherche à les réparer en travaillant de mon mieux.**

Je te couvre de mes baisers les plus tendres en te serrant bien fort dans mes bras, et j'attends avec impatience ton arrivée samedi. Je crois que tu ferais bien de prendre un des rapides qui met dans la journée quatre heures; le voyage de nuit est toujours bien ennuyeux et toujours un peu fatiguant.

Encore mille et mille de mes baisers,

TON LOUIS,

for ever.

Tâche, si possible, de retrouver le nom de l'ami de ton grand-père. Je tâcherai de te téléphoner demain soir.

Déposition de Mme Athénaïs Manca de Vallombrosa, épouse Pichon, devant M. le Juge d'Instruction Boucard, le 3 Janvier 1911.

«. .... **Mon mari a connu la vérité il y a 7 mois environ; il n'a jugé à propos de divorcer que lorsqu'il fut question de me donner un conseil judiciaire et que, par conséquent, j'allais cesser de pouvoir lui être utile.**

J'avais, en effet, donné ma signature au profit de mon mari pour 600 ou 700.000 francs.

Dans le courant de l'année dernière, d'ailleurs, mon mari m'a envoyée à Monte-Carlo pour jouer et ce en compagnie de M. de Troismonts.

Je vous dépose quatre lettres que m'adressait mon mari lors de mon séjour dans le Midi.

Mon mari vous a dit dans sa plainte qu'il m'avait surprise embrassant M. de Troismonts quelques jours après mon accouchement à Lausanne; or, **je possède un télégramme que mon mari a adressé postérieurement à cette date à M. de Troismonts et dans lequel il lui demande de lui prêter sa permission militaire afin de pouvoir voyager à quart de place.**

Je vous dépose également une lettre datée du 20 juillet 1910 par laquelle mon mari déclare me rendre ma liberté et m'assure que nous ne reprendrons la vie en commun que quand cela me conviendra.

En réalité, cette lettre a été faite une quinzaine de jours après la date qu'elle porte et m'a été envoyée à Leipzig.

En même temps que ma liberté m'était ainsi rendue, mon mari me suppliait de rétablir l'association qui existait entre lui et M. de Troismonts. J'ai compris dans la suite le but que mon mari poursuivait alors, c'était de s'assurer notamment la neutralité de M. de Troismonts au sujet d'une créance de 90.000 francs qu'il redoutait que celui-ci lui réclamât. Il y avait en outre le renouvellement de signature correspondant à des traites signées par mon mari et qui venaient à échéance.

Je vous dépose également un télégramme qui m'a été adressé par mon mari le 5 Août et par lequel il me prie de renouveler une démarche auprès de M. de Troismonts.

Nota : Le sieur Pichon déclare dans son assignation en divorce « qu'au mois de **mars 1910** il eut un premier soupçon des coupables relations de sa femme avec le comte de Troismonts et que ses soupçons devinrent une certitude au mois de juin. »

Il déclare d'autre part dans son interrogatoire par M. le juge Boucard le 8 octobre 1910 « que le ménage resta uni jusqu'au **29 mars 1910** époque à laquelle il surprit sa femme en train de se faire embrasser par son secrétaire (sic) M. Charles de Troismonts » et plus loin « que sa femme le rejoignit à Paris le **8 ou 10 juin** et que ce fut à cette date qu'il découvrit dans le cabinet de toilette une lettre non encore expédiée destinée à Charles de Troismonts qui ne lui laissa aucun doute sur la nature de leurs relations. » Ces dates sont capitales pour apprécier l'attitude du sieur Pichon vis-à-vis de sa femme et de M. de Troismonts par la correspondance qui va suivre.

Télégramme du sieur Pichon au Comte de Troismonts.

Ouchy-Lausanne. *16 Avril 1910.*

Ai adressé Petit coupure relative Schansi. Vois-le avant départ et télégraphie si Berthoud et Petit jugent prudent acheter si tassement vers 56 après assemblée ou après réponse prime **si pas besoin ta permission renvoie-la moi par Andrieux.**

Nota : **Le 16 Avril 1910**, le sieur Pichon demande à M. de Troismonts sa permission afin de pouvoir voyager à quart de place.

Télégramme du sieur Pichon à M. de Troismonts

19 Avril 1910.

Troismonts télégraphe restant Cartagéna.

Louis très gentil ta femme bien Athénaïs mieux télégraphierons demain Carthagène.

Télégramme du sieur Pichon à M. de Troismonts

de Lausanne, 22-4-10.

TROISMONTS, télégraphe restant Oudjda.

Tout le monde bien enchantés renseignements arrêter plus grande quantité possible.

Télégramme du sieur Pichon à M. de Troismonts.

De Lausanne, 26-4-10.

TROISMONTS,

Télégraphe restant Oudjda.

Bravo deux mulets télégraphie date pourrons prendre livraison et approximativement emplacement insiste auprès O pour achat cinq mille réclame courriers Oudjda Tlemcen Oran ai écrit Lyautey rentres-tu Marseille ou Espagne.

NOTE : Le sieur Pichon et M. de Troismonts pour éviter des frais de correspondance et des indiscrétions avaient convenu d'une « grille ». Mulet signifiait mille hectares d'un seul tenant. O était le nom d'un fonctionnaire français au Maroc.

Télégramme du sieur Pichon à M. de Troismonts.

De Lausanne, 26-4-10.

Troismonts,

Télégraphe restant Oudjda.

Demande O nom architecte entrepreneur sa villa.

Télégramme du sieur Pichon à M. de Troismonts.

De Lausanne, 27-4-10.

TROISMONTS,

Hôtel Continental Oran.

Tous ravis insiste cinq mulets pouvons faire gros.

Télégramme du sieur Pichon à M. de Troismonts.

Ouchy, de Paris, **23 mai 1910.**

TROISMONTS,

Royal-Hôtel (Lausanne).

Rentre mercredi déjeune demain Descars vu Cortot dit inutile faire opération Louis avec maison croit obtenir quatre ans pour ensemble créances. **Affections.**

Lettre de Madame Pichon à M. de Troismonts.

HOTEL DES TROIS-ROIS A BALE *Le* 19 *juillet* 1910.

MON CHER AMI,

Ceci est une lettre officielle pour que vous sachiez **que le désir absolu de Louis est que nous fassions ensemble cette affaire au Maroc.** Je comprends que la tentation est grande de vous défaire de ces terrains mais si votre marchand de grain vous offre un petit bénéfice immédiat, vous en aurez certes un beaucoup plus grand à attendre et à exploiter vous-même. **Enfin, Louis considère que cela lui est si nécessaire que je ne crois pas que vous puissiez lui refuser ce dernier service.**

J'espère trouver la somme en Allemagne, d'une façon ou d'une autre; en tous les cas Louis me garantit qu'il l'aura et après le tour de force qu'il vient de faire, je suis bien obligée de le croire. En attendant, je pourrai verser 40,000 francs au début d'août et à la rigueur Louis me dit qu'il pourrait avancer quelques billets de mille, si nécessaire : télégraphiez-moi à Leipzig quand vous avez besoin de fonds et, surtout pressez le de Nante, **vous savez combien Louis est pressé.**

Quant à ce qui concerne le port, **Louis voudrait beaucoup que vous tâchiez, une fois la concession obtenue, de la lui laisser financer, il me répète tout le temps qu'il s'en tirera**

mieux que vous. Naturellement, après ce que nous savons, je crois qu'il ferait mieux de rester tranquille; il n'aura jamais la tête à ça.

En hâte,

Mille bons souvenirs,

ATHÉNAÏS.

Enveloppe :

Monsieur le Comte de TROISMONTS,

Grand Hôtel,

Le Pont (Canton de Vaud).

Lettre du sieur Pichon à sa femme

17, quai d'Anjou (4e ar.)

20 juillet 1910

MA CHÈRE ATHÉNAIS,

Je te confirme par écrit comme nous en avons convenu verbalement que je te rends ta liberté et que nous ne reprendrons la vie en commun que quand cela te conviendra.

Signé : LOUIS.

Enveloppe

MADAME LA BARONNE PICHON,

Hôtel des Trois-Rois (Bâle).

Lettre de MM. Zehme, Hezel et Hahnemann, avocats à Leipzig à Madame Pichon

Leipzig, le 25 mars 1911.

TRÈS HONORÉE MADAME LA BARONNE,

Vous m'avez prié de vous confirmer que dans le courant de l'été de l'année dernière **votre époux le Baron Louis Pichon m'a fait visite avec vous et qu'il a traité avec moi l'affaire de prêt que vous aviez l'intention de réaliser.** Au sujet des actes dirigés par moi **je vous confirme par la présente que vous m'avez bien rendu visite, étant avec le Baron Louis Pichon, le 30 juillet 1910. Votre époux m'a informé en même temps que vous aviez le désir d'obtenir un prêt de 300.000 francs en donnant vos revenus en gage. Il s'est déclaré d'accord sur cette opération et m'a prié encore en même temps que vous de hâter le plus possible les démarches devant conduire à ce but.**

Si vous désirez plus d'éclaircissement, je vous prie de disposer de moi.

Je vous salue avec ma considération la plus distinguée.

VOTRE TRÈS DÉVOUÉ.

Télégramme de Mme Pichon à M. de Troismonts.

Le Pont de Leipzig, 31 Juillet 1910.

TROISMONTS (Grand Hôtel).

Le Pont-la-Vallée.

Avocat Aule propose opération à établissement dont spécialité trouver fonds sur trust. Aurait réponse mercredi ; toucherai Anières courant semaine. Enverrai aussitôt.

Amitiés.

Télégramme adressé par le Baron Pichon, de Paris,
à sa femme, à Zurich, le 5 Août 1910.

Paris, 9428 - 60 - 5 - 11 - 10.

Baronne Pichon,

Bauer Lak (Zurich).

Pas parlé L. Port. Reçu lettre, peiné pas même remercié ; envoi quatre mille uniquement pour te contenter. Gabrielle obligée partir m'a demandé deux. **Sitôt réception effets signés Pierre, enverrai Pont. Prière dire retourner directement d'urgence Courvoisier.** Télégraphie d'urgence si allons décidément Moritz et si chambres retenues, besoin savoir pour ma malle et vêtements.

Affectueusement.

Nota : Il s'agit des 200,000 francs d'effets de complaisance dont le sieur Pichon sollicitait le renouvellement en août 1910. Le sieur Pichon a envoyé ces effets à M. de Laubespin (Pierre) pour qu'il y apposât sa signature et, sitôt que M. de Laubespin les lui aura retournés, **il les enverra à Pont La Vallée, c'est-à-dire à M. de Troismonts, qui réside à Pont-la-Vallée,** afin que celui-ci appose, lui aussi, sa signature comme il l'avait fait jusque-là pour rendre service au sieur Pichon. **Il prie en même temps sa femme d'écrire à M. de Troismonts** pour le prier de retourner ces effets au banquier Courvoisier, à Paris.

Télégramme de Mme Pichon à M. de Troismonts.

10 Août 1910.

TROISMONTS.

Grand-Hôtel, le Pont-la-Vallée.

Ne signez pas traites lettre suit

Tendresses.....

NOTA : Le sieur Pichon (Cf. page 356),son interrogatoire par le juge d'instruction le 10 janvier 1911) a prétendu qu'il n'avait continué à solliciter la signature de M. de Troismonts sur les effets au renouvellement de septembre 1910 « qu'en raison des supplications de sa femme. »

Malgré le télégramme de Mme Pichon, M. de Troismonts donna sa signature et ne fut libéré de son engagement qu'au renouvellement de décembre 1910.

Lettre de Mme Pichon à M. de Troismonts.

Saint-Moritz, 30 août 1910.

..... Les dîners continuent jusqu'au dernier jour. Hier et aujourd'hui je suis couverte de fleurs par mes admirateurs qui s'en vont. Enfin demain Maurice me livre son dernier assaut dans une promenade en voiture. Il m'a dit tout ce qu'on pouvait dire à une femme jusqu'à offrir de me chercher la lune avec ses dents mais **je ne me résoudrai jamais à lui demander ce que veut Louis. Je ne peux pas.** Les scènes avec mon mari ont été atroces ces jours-ci; sa rage contre Maurice et Ketty a pris des proportions telles qu'il a failli démolir hier ma pauvre femme de chambre. Ce qui est plus ennuyeux c'est que hier aussi il s'est brouillé avec Marthe, lui reprochant de n'être pas franche et de se payer sa tête. J'ai obtenu comme l'émotion l'a rendue très malade que Louis lui fasse des excuses demain mais c'est fini entre eux à présent.....

Lettre du sieur Pichon à sa femme (Août 1910).

PALACE-HOTEL, (Saint-Moritz).

Oiseau bleu aimé, oiseau bleu parti :

Je trouve en rentrant les articles ci-joints envoyés par Andrieux ; je m'empresse de te les faire porter pour te distraire. Si on a parlé de toi..... et combien, on ne t'a pas mise en mauvaise compagnie comme tu le craignais.

Quand mon oiseau bleu reviendra-t-il au nid ? je l'aime toujours et j'attends.

LOUIS.

Lettre du sieur Pichon à sa femme (1910)

Vendredi 16 Septembre, minuit.

Mon Cher Trésor Aimé.

Je ne t'ai pas écrit plus pour n'avoir pas à te parler de l'état de mon âme ; peut-être les faibles liens qui te retiennent encore à moi te permettront-ils de le comprendre ; comme toi je trouve que la mort vaudrait des milliards de fois mieux qu'une pareille existence et qu'elle serait la plus douce des délivrances mais là encore on se heurte par principe à l'impossible et il faut hélas assister à l'évolution d'une maladie mortelle dont on ne peut mourir à son gré.

Je te remercie de tes deux mots qui m'ont été infiniment doux !

Je pense tant avec bonheur à ma Naïs adorée de Brides, d'Heidelberg, de l'avenue d'Eylau, du début de notre maison, de tout ce qui nous a unis joies et souffrances jusqu'au jour où tout a été détruit et que tout est devenu terre de désolation !

J'espère beaucoup que tu tiendras ta promesse de me prévenir de ton arrivée pour que je puisse retenir quelque chose de convenable et aller te chercher à la gare.

Je t'envoie dans ce mot tout ce que tu as pu aimer autrefois en moi et je signe encore « Your loving Louis » parce que je ne t'ai rien repris de ce que je t'avais donné.

Télégramme du sieur Pichon à sa femme.

de Paris, 20 IX 1910.

Baronne Pichon, poste restante Zurich,

Bien reçu lettre puis-je savoir heure exacte ton arrivée Paris vois pas train de Genève à neuf heures bien tendrement et tristement.

Louis.

JUGEMENT DU TRIBUNAL DE LA SEINE

du 3 Mai 1911.

Le Tribunal,

Attendu que depuis le début de son mariage la dame Pichon a pris des engagements et a fait des dépenses qui ont grevé son patrimoine d'un passif considérable et hors de toute proportion avec les éléments d'actif dont il se compose ;

Que dans l'intérêt de la conservation des biens et valeurs qui peuvent encore lui rester ou de ceux qu'elle peut être appelée à recueillir, il est urgent de la pourvoir d'un conseil judiciaire ;

Attendu que toutes les formalités préalables au présent jugement ont été bien et régulièrement remplies ; que la demande introduite par Manca de Morès de Vallombrosa doit donc être accueillie.

Par ces Motifs,

Pourvoit la dame Pichon d'un conseil judiciaire en la personne de Maître Paul Thorel, avoué, acceptant et demandé par les parties ;

Dit, en conséquence, que ladite dame ne pourra sans l'assistance dudit conseil plaider, transiger, emprunter, recevoir un capital mobilier, en donner décharge, aliéner, hypothéquer ;

Condamne les défendeurs en tous les dépens.

Le 20 Janvier 1911, le sieur Pichon libère enfin sa femme et M. de Troismouts des engagements qu'ils avaient pris pour lui lors des emprunts à la « Norwich Union ».

D'un acte reçu par Mᵉ Léon Vigier, soussigné, et Mᵉ Léon Ragot, tous deux notaires à Paris, le trente Janvier mil neuf cent onze, portant cette mention :

Enregistré à Paris, deuxième bureau notaires, le deux Février mil neuf cent onze, folio 71, case II, volume 632, reçu Trois mille cinq cent trente huit francs treize centimes (décimes compris).

Signé : MULLER.

Il est extrait littéralement ce qui suit :

Ont comparu :

1° M. Marie-Joseph-Louis-Henri-André baron Pichon, ancien officier de cavalerie, chevalier de la Légion d'honneur, décoré de la médaille militaire, demeurant à Paris, quatrième arrondissement, en son hôtel sis quai d'Anjou, n° 17 ;

d'une première part ;

2° M. Gabriel-Marie-Joseph-Jean-François de Reydet de Vulpillières, directeur de la succursale française de la "Norwich Union Life Insurance Society", demeurant à Paris, avenue de l'Opéra, n° 3 ;

Agissant au nom et comme mandataire de la " Norwich Union Life Insurance Society ", Société anglaise d'assurances sur la vie, ayant son siège à Norwich (Angleterre), rue Surrey, en vertu des pouvoirs qui lui ont été conférés suivant acte privé en date, à Norwich, du vingt Janvier (1911) revêtu du sceau de la Société et des signatures : 1° de deux administrateurs, MM. Michael Falcon et George Morse ; 2° et du secrétaire, M. Lees,

Cette procuration qui sera timbrée et enregistrée lors de l'enregistrement des présentes, écrite en langue française est demeurée ci-annexée après mention et après avoir été certifiée véritable par M. de Vulpillières.

D'une deuxième part,

3° et ....

Lesquels préalablement aux conventions faisant l'objet des présentes, ont exposé ce qui suit..............................

DÉCHARGE DE SOLIDARITÉ ET DE CAUTIONNEMENT

M. de Vulpillières ès-nom, déclare par ces présentes libérer Mme la baronne Pichon de l'engagement solidaire pris par elle dans les deux actes de prêt sus-énoncés et décharger M. le Comte de Troismonts du cautionnement qu'il a consenti au profit de la Norwich Union dans l'acte de prêt du cinq juin mil neuf cent sept ci-dessus analysé sous le chiffre 1, voulant et entendant qu'ils en soient quittes et libérés ; par suite, le dit M. de Vulpillières renonce à tous droits, actions et recours quelconques contre Mme la baronne Pichon et M. le Comte de Troismonts, ainsi qu'à tous autres engagements qui auraient pu être pris par eux, vis-à-vis de la

Norwich Union, même en dehors des actes sus-énoncés, le tout sans aucune exception, ni réserve, mais il fait réserve expresse de tout les droits de la Norwich Union contre M. le baron Pichon et M. le Comte et Mme la Comtesse de Laubespin pour la totalité de leurs dettes, ainsi que du bénéfice entier de l'hypothèque qui lui a été conférée par M. le baron Pichon, en vertu des deux actes de prêt sus-énoncés, sans aucune novation, laquelle hypothèque subsistera entièrement.

.... M. le baron Pichon déclare accepter cette décharge de solidarité et de cautionnement et par suite rester seul obligé et en tant que de besoin, s'obliger à nouveau au paiement entier du montant en principal, intérêts, frais et accessoires des deux obligations sus-énoncées aux époques et de la manière indiquées dans l'acte, en ce qui concerne l'obligation du 5 juin 1907 et aux époques et de la manière qui vont être ci-après stipulées, en ce qui concerne l'obligation du 4 août 1909, le tout aussi sans aucune novation, déclarant en tant que de besoin renoncer expressément au bénéfice de l'article 1285, paragraphe 2 du Code Civil...

Renouvellement des traites Deniges

Paris, le 25 août 1911

B.P.F. 40.000

Au premier décembre prochain je paierai à l'ordre de M. le Baron Louis Pichon la somme de quarante mille francs, valeur en compte.

Bon pour aval
autorisée par mon mari

Bon pour quarante mille francs

COMTE DE LAUBESPIN.

ANDIGNÉ COMTESSE DE LAUBESPIN.

Bon pour autorisation maritale.

COMTE DE LAUBESPIN.

Bon pour aval

Bernis Comtesse de Laubespin.

Payable chez MM. Samazeuilh et Cie à Bordeaux.

Au dos de l'effet

Payez à l'ordre de M. Cellier, **Valeur en compte,**

Paris, le 25 août 1911.

Signé : Baron L. Pichon.

Payez à l'ordre de MM. Berthoud et Courvoisier et Cie.

Valeur en compte.

Signé : CELLIER.

Payez à l'ordre de MM. Samazeuilh et Fils, Valeur en compte.

Paris, le 29 août 1911.

P. Pon Berthoud Courvoisier et Cie.

Signé : COURVOISIER.

Payez à l'ordre de la Banque de France, Valeur reçue comptant

Bordeaux, le 1er septembre 1911.

Signé : SAMAZEUILH et FILS.

NOTA. — C'est seulement au renouvellement de décembre 1910 que le sieur Pichon a cessé de solliciter de sa femme et de M. de Troismonts leur signature sur les effets Denigès.

Déposition du sieur Pichon

devant le juge d'instruction Boucard, le 10 Janvier 1911.

« ...... En ce qui concerne les traites dont vous a parlé ma femme, **il est exact que, ayant dû les faire escompter à la Banque de France, j'ai eu recours en 1907 à la signature de ma femme et de Troismonts.**

Dès le mois d'août dernier, lorsque j'ai rompu avec de Troismonts, j'ai prié un de mes amis de substituer, à l'avenir, sa signature à celle de Troismonts.

Mais ma femme me supplia de ne pas écarter la signature de Troismonts des effets, afin de ne pas ruiner son crédit; cédant alors à ses instances, **j'ai continué à me servir de la signature de de Troismonts lors du renouvellement du mois de Septembre.**

D) Veuillez nous donner l'explication du télégramme que vous avez adressé à votre femme le 5 Août dernier et dont nous vous présentons l'original?

R) Ce télégramme est bien de moi. Acquiesçant aux supplications de ma femme, **je l'avisais que dès que les effets me seraient revenus de la signature de Pierre (Laubespin) je les enverrais à Pont-la-Vallée pour que de Troismonts y appose sa signature.**

Je priais en outre ma femme de prévenir de Troismonts qu'il eût à retourner directement et d'urgence les effets à notre banquier Courvoisier.

NOTE : Il est inutile de signaler que les pièces précédentes infligent un cruel démenti au sieur Pichon.

IV

JURISPRUDENCE

Tribunal de la Seine. — Première Chambre

JUGEMENT DU 2 NOVEMBRE 1910

Affaire N..... contre N.....

..... Attendu il est vrai que postérieurement à ce jugement de divorce, qui n'était pas définitif, et sur les poursuites du mari, la demanderesse a été condamnée, pour adultère, à 25 francs d'amende, aux termes d'un jugement rendu par défaut le 22 février 1910, par la onzième chambre, mais qu'il est établi par tous les documents de la cause que la demanderesse délaissée par son mari **et poursuivie par les incessantes demandes d'argent qu'il continuait à lui adresser dans les termes les plus pressants, a été entraînée aux écarts de conduite qui ont motivé sa condamnation par les exigences du défendeur qui n'a songé à se plaindre des infidélités d'une femme qu'il a conduite à l'adultère que le jour où il a perdu la possibilité d'en profiter.**

Que, dans ces circonstances, il est suffisamment établi que le mari a absolument manqué aux devoirs de protection que le mariage lui imposait au regard de sa femme, et qu'il est le premier responsable des regrettables irrégularités de conduite auxquelles celle-ci a commis la faute grave de se laisser entraîner.

Attendu qu'il résulte de ce qui précède que les agissements du mari durant la vie commune ont eu le caractère le plus gravement injurieux pour la femme, et que, malgré les **fautes et la condamnation de celle-ci pour adultère, il y a lieu de faire droit à la demande de divorce qu'elle a formée et qui est suffisamment justifiée par la conduite du mari.**

Par ces motifs :

Prononce le divorce à la requête et au profit de Mme N.....

TABLE

85594 Imp. Maulde, Doumenc et Cie, 144, rue de Rivoli, Paris.

www.ingramcontent.com/pod-product-compliance
Ingram Content Group UK Ltd.
Pitfield, Milton Keynes, MK11 3LW, UK
UKHW012152240726
13966UKWH00002B/291

9 782011 918536